Harald Schwarzlose

OPTI - SEGELN

Mit tollen Regattatricks

Mit Jüngstensegelschein

DELIUS KLASING VERLAG

Die Deutsche Bibliothek – CIP-Einheitsaufnahme

Opti-Segeln: mit tollen Regattatricks; mit
Jüngstensegelschein / Harald Schwarzlose. – 2. Aufl. –
Bielefeld: Delius Klasing, 1993
ISBN 3-7688-0705-3
NE: Schwarzlose, Harald

2. Auflage
ISBN 3-7688-0705-3

Fotos: Harald Schwarzlose (7),
Hans-Günter Kiesel (8),
alle übrigen Fotos Kurt Schubert
Einbandfoto: Kurt Schubert
Graphiken: Astrid Witte
Handschriften: Birgitt Mährlein, Susanne Stamme
Vignetten: Heidi-Ursula Clarus
Gestaltung: Clarus Graphik & Design
Printed in Germany 1993
Belichtung: Yougatron, Bielefeld
Druck: Paderborner Druck Centrum

INHALT

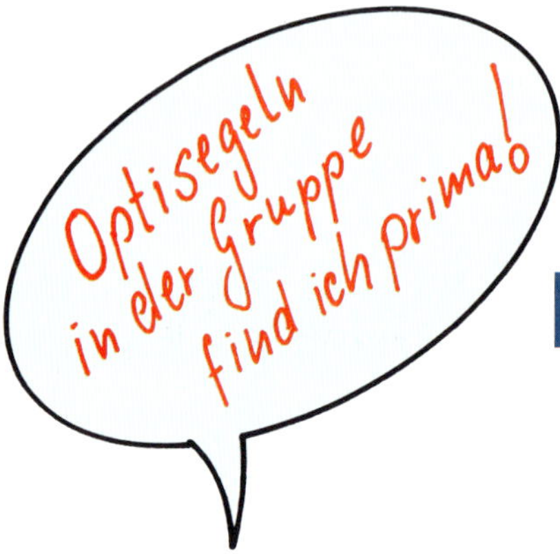

EIN WORT AN DIE

Das vorliegende Buch wurde für Kinder zwischen 7 und 14 Jahren geschrieben. Dennoch wird es für die Kleineren trotz der kindgerechten Darstellung nicht immer leicht sein, die Vorgänge zu erfassen. Es kommt also auf die Hilfe der Erwachsenen an. Optikurse in Segelschulen oder Vereinen sollten die Lektüre dieses Buches begleiten und ergänzen.

Der erste Teil wendet sich an die Anfänger, während im Regattateil schon entsprechende Grundkenntnisse vorausgesetzt werden. Die Technik des Regattasegelns und das dazugehörige Regelwerk sind derart komplex, daß man hiermit allein ein Buch füllen könnte. Ich habe mich daher auf die wichtigsten Trimmfunktionen sowie auf die Grundregeln beschränkt, um die Kinder

ELTERN UND AUSBILDER

nicht zu überfordern. Ein gezieltes Regattatraining sollte dieses Basiswissen vervollständigen.

Der Jüngstenschein des Deutschen Segler - Verbandes, der mit einem Mindestalter von 7 Jahren erworben werden kann und mit dem vollendeten 14. Lebensjahr automatisch erlischt, ist nicht

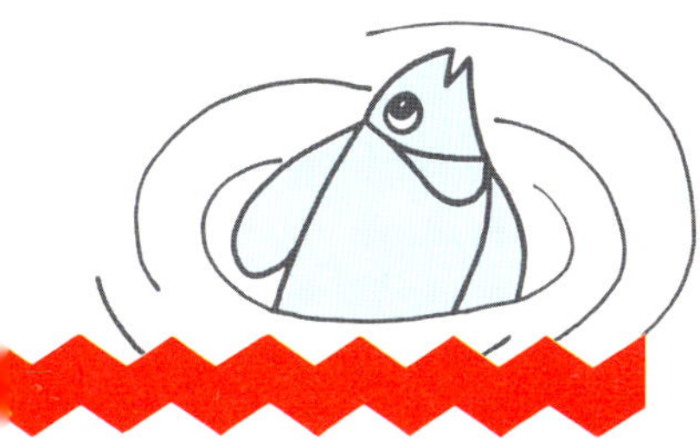

obligatorisch für die Teilnahme an Optimisten - Regatten und wird auch nicht vom Gesetzgeber gefordert. Lediglich bei der Beteiligung an einer Deutschen Meisterschaft in einer vom DSV anerkannten Meisterschaftsklasse, zu der unter anderem auch der Optimist zählt, wird der A - Schein des Deutschen Segler - Verbandes verlangt, der ab einem Alter von 14 Jahren nach spezieller theoretischer und praktischer Schulung erworben werden kann.

1 ALLER ANFANG IST NICHT SCHWER

Gestatten, ich bin ein Optimist. Aber da mein Name viel zu lang ist, nennen mich alle Opti.

Mein Name paßt prima zu mir, denn etwas kann ich dir versprechen: mit mir wirst du ganz leicht segeln lernen. Und wenn du zu Ende gelesen und alles gelernt hast, wirst du besser segeln können als so mancher Opti-Experte.

Doch zuerst einmal möchte ich mich etwas genauer vorstellen. Daß ich dabei recht stolz bin, wirst du leicht verstehen: immerhin gibt es rund 200.000 Optis auf der ganzen Welt, die von Jungs und Mädchen in über 50 Ländern gesegelt werden.

Das hätte sich mein Urgroßpapa sicher nicht träumen lassen. Er lebt nämlich im warmen Florida in Amerika und heißt Clark Mills, und er hatte damals, 1948, einen Sprößling, der eine richtige Wasserratte war. Immer wollte er ein eigenes Boot haben, bis Papa Mills schließlich daran ging, eine Art Seifenkiste aus Sperrholz fürs Wasser zu bauen.
Und - siehe da - sie schwamm!

Die zweite Kiste sah dann schon etwas mehr nach einem Boot aus, und so wurde ich schließlich 2,30 Meter lang, 1,13 Meter breit und 35 kg schwer. Mein Segel hat immerhin eineinhalb Quadratmeter, und mein Rumpf besteht aus Kunststoff. Es gibt auch Optis aus Sperrholz, aber die treffe ich immer seltener.

Zufällig kam dann ein richtiger Kapitän mit einem riesengroßen Segelschiff nach Flori-

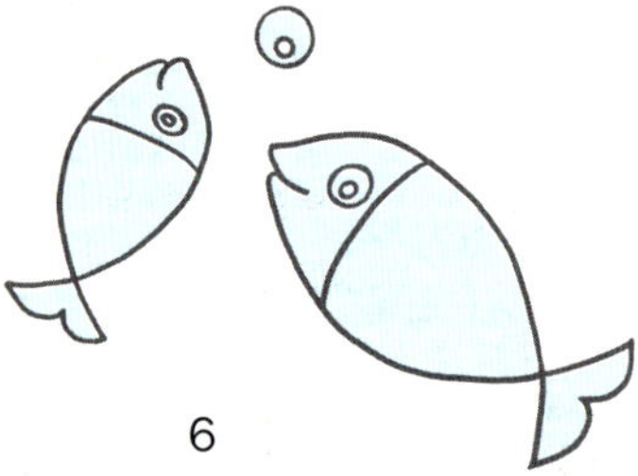

Spriet
Nationalitäts-
Buchstabe
Klassenzeichen
G-7506
Segelnummer
Segellatten
Mast
Baum
Spriettalje
Schot
Reihleine
Heck
ckspie-
el)
Auftriebs-
körper
Baumnieder-
holer
uder
Bug
(Bugspie-
gel)
Pinne
Ausreit-
gurte
Schwertkasten
mit Schwert

Das Ruder wird am Heckspiegel von oben in die Ruderbeschläge eingehängt. Dann kommt das Schwert in den Schwertkasten.

da, und das hieß "Christian Radich". An Bord waren lauter junge Männer aus Norwegen, die sollten auch Segeln lernen.

Der Kapitän sah die komische Kiste und nahm sie mit in seine Heimat Dänemark. Und da Dänemark ja nicht weit von unserem Land entfernt ist, segelten bald auch viele Optis in Deutschland.

So, nun weißt du, woher ich stamme, und jetzt soll's endlich losgehen.

Komm, faß an einer Seite an, und jemand hilft dir auf der anderen Seite. So könnt ihr mich ganz leicht ins Wasser tragen.

Haalt, aber nicht so herum! Ich will doch nicht rückwärts ins Wasser rutschen. Schließlich bin ich hinten breiter, und das ist mein Heck. In der breiten Planke am Ende kannst du dich vielleicht nicht wie in einem Spiegel sehen, aber trotzdem heißt sie Spiegel.

So herum ist's richtig: Mit dem Bug voran, komme ich viel besser ins Wasser. Prima, ich fühle mich pudelwohl - ich schwimme!

Holst du mal mein Ruder? Nee, das Paddel ist doch nicht das Ruder! Das Steuer brauchen wir, und dazu sagt der Seemann nun mal Ruder. Es wird hinten am Spiegel eingehakt, und die kleine Lasche, die du da siehst, verhindert, daß es rausfällt, wenn wir mal umkippen sollten.

Damit du das Ruder bewegen kannst, ist oben die Ruderpinne befestigt, aber ein richtiger Opti-Segler sagt nur Pinne dazu.

Eigentlich könnte es schon losgehen, doch besser ist es, du steckst noch das lange, dünne Brett mitten in mich hinein. Das ist das Schwert.

Warum ich das brauche? Ganz einfach: Ohne mein Schwert würde mich der Wind wie eine Feder zur Seite blasen, und mein Segel könnte mich nicht vorantreiben. Aber auch beim Paddeln wird das Schwert uns helfen, besser geradeaus zu fahren.

Also rein mit dem Ding in meinen Schwertkasten. So, jetzt geht´s wirklich los. Erstmal binde mich mit meiner Leine am Steg fest und hole zwei Paddel. Und nun kommt an Bord. Du kannst ruhig noch jemanden mitnehmen, ich trage leicht euch beide. Aber erst zieht euch

Ein Optisegler setzt sich nur mit Schwimmweste und Segelanzug in sein Boot.

Hinein ins Wasser! Aber mit dem Heck voran? Auch ein Opti hat einen Bug, und der sollte zuerst ins Wasser tauchen. Nun könnt ihr hineinklettern und mal tüchtig schaukeln. Dabei schwappt nicht mal Wasser in den Opti.

noch eure Schwimmwesten an. Das ist nämlich Ehrensache: Ohne eine Schwimmweste setzt sich kein Segler ins Boot.

Alle Mann einsteigen bitte. Hast du etwa Angst? Ich kippe doch nicht um! Dafür ist mein Bootsboden viel zu breit. Setzt euch ruhig mal seitlich auf die Bordwand und schaukelt tüchtig. Na bitte! Da seht ihr, wie sicher ich schwimme - wie ein Floß! Versucht doch mal, so doll zu schaukeln, daß Wasser über die Bordwand schwappt - noch mal, und noch mal - ihr schafft es nicht! So kippelig bin ich also gar nicht. Ihr könnt beruhigt losfahren.

Du, mein Steuermann, setzt dich achtern quer hin, so daß deine Füße gegen die Bordwand stoßen, und dein Paddelmann - oder deine Paddelfrau - kniet sich vorn hin. Wenn der Paddelmann jetzt an der Seite das Paddel eintaucht und nach hinten zieht, fahre ich schon flott los.

Nanu, wo steuerst du denn hin? Du fährst ja Kringel. Kringelfahren ist auch ganz lustig, aber ich möchte, bitteschön, geradeaus fahren. Könntest du wohl so nett sein und meine Pinne einen Augenblick so festhalten, daß sie genau nach vorn zeigt?

Siehst du, jetzt fahre ich geradeaus.

Nun zieh die Pinne mal zu dir hin. Was stellst du fest? Richtig, ich mache eine Kurve zur anderen Seite.

Und jetzt drück die Pinne von dir weg - ich mache eine Kurve zu der Seite, wo du sitzt.

Es ist eigentlich ganz einfach: Ich fahre nie in die Richtung wohin meine Pinne zeigt, sondern immer in die andere, in die entgegengesetzte Richtung.

Das üben wir jetzt: Pinne hin, Pinne her. Siehst du, ich fahre lustige Schlangenlinien !

Seht, ich stehe auf der Bordwand!

Paddeln um zwei Bojen, das bringt Spaß. Wenn du die Pinne nach rechts ziehst, fährst du eine leichte Linkskurve.

Wenn du die Pinne nach links drückst, dann fährst du eine Kurve nach rechts. So einfach geht das.

Und dabei kommt der Paddelmann ganz schön ins Schwitzen. Ihr könnt ja mal tauschen - du paddelst jetzt.

Was ist denn nun schon wieder los? Ach herrje, du hast das Paddel verloren. Schnell, nimm das andere und versuche damit, den Ausreißer einzufangen.

Du liebe Kiste, jetzt hast du das zweite Paddel auch noch losgelassen. Müssen wir jetzt stranden, vielleicht auch Schiffbrüchige werden?

Keine Angst, ihr könnt mich auch ohne Paddel fortbewegen. Ich verrate euch einen Geheimtip: Wenn der Steuermann ganz schnell die Pinne hin- und herbewegt, wirkt das wie ein kleiner Motor. Mein Ruderblatt treibt mich an. Wriggen nennt man das. Probiert es doch beide einmal aus.

Nun kannst du mich schon ganz prima steuern. Schaffst du es auch, mich um eine Boje herum zu paddeln? Sicher habt ihr zwei Bojen, die euer Segellehrer nicht

RUNDTÖRN MIT ZWEI HALBEN SCHLÄGEN

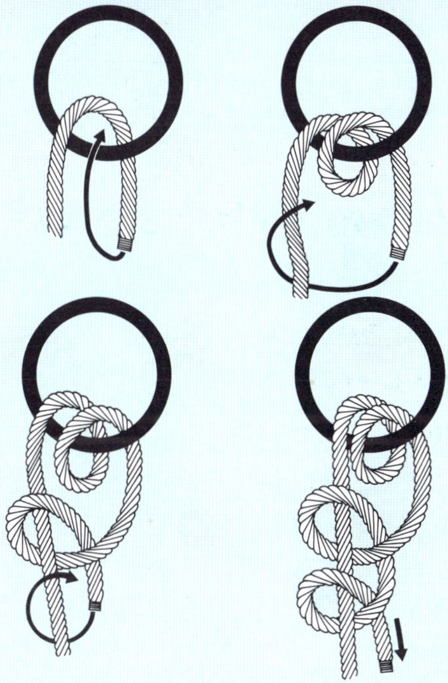

So wird's gemacht: Du steckst das kurze Ende der Leine von oben durch den Ring. Dann machst du das gleiche nochmal, so daß die Leine sich zweimal um den Ring schlingt. Das ist der Rundtörn.
Jetzt legst du das kurze Ende unten um das lange herum und steckst es von oben durch die Öse, die dabei entsteht. Das ist ein halber Schlag.
Jetzt machst du noch genauso einen halben Schlag davor, und fertig ist der Knoten.
Ob ihr die beiden Knoten zum nächsten Segeltag richtig könnt?
Wir werden ja sehen!

allzuweit vom Ufer entfernt auslegen kann.

Also los, wir paddeln eine kleine Regatta, und alle anderen Optis machen auch mit. Es geht vom Ufer weg um die erste Boje herum und dann wie eine Acht um die zweite, bis ihr wieder zur ersten Boje kommt. Wer sie zuerst erreicht hat, ist Sieger! Das bringt Spaß.

Aber nun wird's noch lustiger: Versucht doch mal, mich verkehrt herum, mit dem Heck voran, um die beiden Bojen zu paddeln. Das geht auch, aber du mußt die Pinne ganz fest und genau in der Mitte halten. Du wirst schon sehen: wenn du sie nur ein kleines bißchen zur Seite drückst, dann kommt viel Druck darauf, und ich fahre gleich eine Kurve.

Du bist schon müde vom vielen Steuern und Paddeln? Na, dann fahren wir zum Steg zurück. Da kannst du mich mit der Festmacherleine festmachen, bis ihr mich wieder aufs Trockene herauf holt.

Zu dritt ist es am leichtesten, den Opti wieder aufs Trockene zu holen. Zwei fassen seitlich an, einer zieht vorn an der Festmacherleine.

Ach so, du weißt ja noch nicht, wie man mit der Festmacherleine einen-Knoten macht. Tja, wer ein richtiger Seemann werden will, der muß auch Seemannsknoten können. Darum lernst du am besten zuerst den Rundtörn mit zwei halben Schlägen - hört sich schwerer an, als es ist!

Wie der Knoten gemacht wird, kannst du auf der vorherigen Seite sehen.

Üb ihn tüchtig, denn so kannst du mich immer schnell festmachen, und ich treibe bestimmt nicht davon.

Aber jetzt möchte ich auch wieder aufs Trokkene, denn hier im Wasser wachsen an meinem Bootsboden nur Algen fest.

Hol mich raus! Am besten macht ihr das zu dritt. Dreht mich so vor den Steg oder zum Ufer, daß mein Bug genau zum Land zeigt. Einer zieht vorn kräftig an der Festmacherleine, zwei heben mich seitlich an und ziehen dann kräftig mit. So geht's ganz leicht.

Es gibt auch kleine Wagen mit zwei Gummirädern und einer langen Deichsel daran. Auf einem solchen Bootswagen könnt ihr mich viel leichter ins Wasser bringen und auch wieder herausholen.

Dazu schiebt ihr den Wagen einfach unter meinen Bootsboden, wenn ich noch im Wasser bin. Ich muß nur genau zwischen beiden Rädern schwimmen.

Prima, Käpt'n, gut hast du es gemacht. Und das mußt du jetzt zugeben: Ich bin doch ein richtiges Boot und keine Seifenkiste. Warte nur, bis du mein Segel kennengelernt hast. Damit werde ich erst richtig lebendig.

Worte, die du behalten solltest

Heck
Spiegel
Bug
Ruder
achtern
Ruderpinne
Ruderblatt
Pinne
Schwert
Schwertkasten
Schwimmweste
Bootsboden
Bordwand
Steuermann
Wriggen
Boje
Festmacherleine
Rundtörn mit zwei halben Schlägen
festmachen

2

Die Stange, mit der du das Segel aufstellst, nennt man Spriet. Sie wird zur Spannung des Segels mit der Spriettalje nach oben gedrückt.

EINFACH AUFTAKELN UND LOSSEGELN

Mein Segel mag ja etwas merkwürdig aussehen - immerhin hat es vier Ecken - aber es ist für mich genau richtig und macht mich ganz schön schnell, du wirst sehen.

Wenn mein Segel gesetzt wird, nennt man das Auftakeln. Am besten, du versuchst es erstmal, wenn ich noch an Land stehe. Dabei hast du es leicht, viel leichter als bei anderen Segeljollen. Bei denen muß nämlich das Segel am Mast erst hochgezogen werden. Bei mir ist es schon zwischen der oberen und unteren Ecke mit einer Reihlei-

Das untere Ende der Spriet, die Sprietnock, steckst du in die Öse der Talje.

Unten am Mast ist eine Klemme, in die du die Leine der Talje einhaken kannst.

ne am Mast sicher festgebunden.

Damit mein Segel am hinteren Ende nicht klappert, wenn der Wind hineinbläst, steckst du kleine Latten aus Kunststoff hinein. Das sind die Segellatten, und die Schlitze, in denen sie verschwinden, sind die Lattentaschen.

Auch unten ist das Segel an einer Stange aus Aluminium befestigt. Das ist der Baum. Damit der Baum nicht vom Mast abrutscht, ist vorne eine Gabel aus Kunststoff dran, die um den Mast faßt. Und so heißt das Ding auch Baumgabel.

Du kannst nun also ganz einfach den Mast mitsamt dem Segel und dem Baum daran aufrichten und in mich hineinpflanzen - dafür ist in der vorderen Querducht (das ist die Fläche vorn im Bug) ein Mastloch. Darunter sitzt der Mastschuh, der den Mast auf dem Bootsboden festhält.

Siehst du, schon steht der Mast. Aber noch hängt das Segel schlaff

ACHTKNOTEN

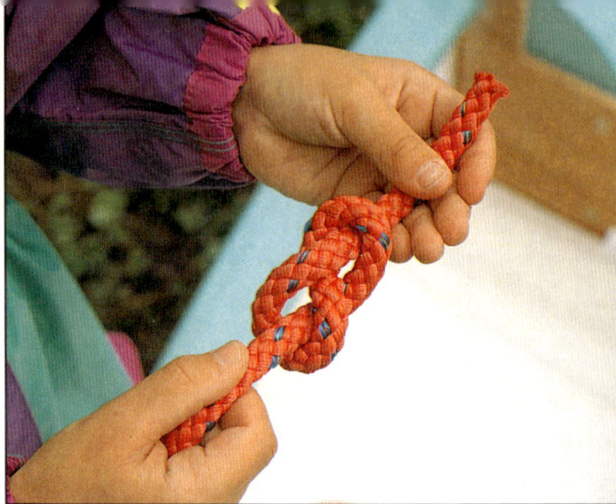

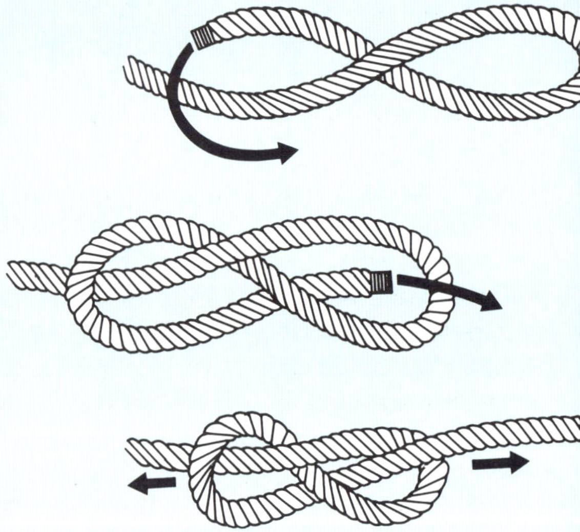

Lege dir mit dem Ende der Schot eine Öse..... und über die Schot hinweg noch eine Öse..... und stecke das kurze Ende von unten wieder durch die erste Öse hindurch. Festziehen, und fertig ist der Achtknoten.

herunter. Zum Ausfalten brauchst du eine Stange, und die nennt man Spriet. Und darum habe ich eine Spriettakelung.

An beiden Enden der Spriet sind kleine Zapfen. Das sind die Sprietnocken. Eine Sprietnock steckst du nun in den herunterhängenden Segelzipfel und drückst ihn hoch. Dafür ist extra eine kleine Schlaufe eingenäht. Die andere Sprietnock steckst du in die Schlaufe einer kurzen Leine, die am Mast durch eine Rolle gefädelt wird. Darunter sitzt eine Klemme, in der du die Leine festklemmen kannst, nachdem du sie strammgezogen und damit die Spriet hochgedrückt hast. Regattaoptis haben statt der Leine eine richtige Talje aus Draht daran. Wie die funktioniert, kannst du im Kapitel “Fit für die erste Regatta” nachlesen.

Toll, wie gut mein Segel jetzt aufgespannt ist! Die kleine Falte, die du darin siehst, macht gar nichts. Sie wird später beim Segeln vom Wind wieder herausgedrückt.

Eigentlich hast du mich jetzt schon richtig aufgetakelt, nur etwas fehlt noch: Mein Segel flattert im Wind hin und her, du kannst es gar nicht bändigen.

Womit man das macht? Auch mit einer Leine natürlich, und die nennt man Schot.

Damit es nicht zu schwer ist, das Segel mit der Schot festzuhalten, wird sie durch Rollen gefädelt, die aber in der Seemannssprache Blöcke heißen.

Vom Baum führt die Schot also zick-zack durch die Blöcke, und am Ende machst du einen Knoten drauf, damit sie nicht aus Versehen wieder durch den unteren Block rutschen kann.

Dafür eignet sich am besten der Achtknoten, den du ganz schnell lernst, denn er ist wirklich sehr einfach.

Wie er gemacht wird, kannst du aus der nebenstehenden Zeichnung gut erkennen. Du mußt nur darauf achten,

Der Fisch zeigt, woher der Wind gerade weht. Kommt er etwas von der Seite, füllt sich das Segel, wenn du an der Schot (unteres Foto) ziehst.

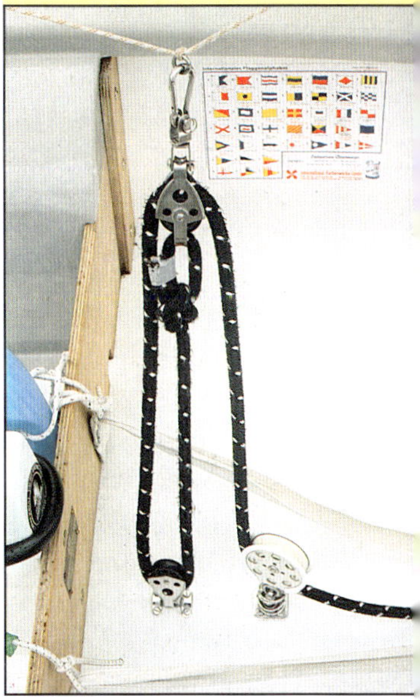

daß der Achtknoten nicht zu weit am Schluß der Schot sitzt, sonst geht er wieder auf, und die Schot läuft doch aus.

Nun kannst du einmal ausprobieren, was der Wind mit meinem Segel macht, wenn du ihn aus verschiedenen Richtungen hineinblasen läßt. Zuerst mal ist es ganz wichtig zu wissen, woher der Wind weht. Das siehst du an einer Flagge oder an deinem Taschentuch, das du hochhälst. Man spürt den Wind auch auf der Haut. So, nun dreh mich mal so lange, bis mein Segel genau in der Mitte ist. Richtig, jetzt schwingt und flattert es hin und her, weil der Wind es nicht füllen kann. Er kommt genau von vorne, und der Segler sagt: Das Boot liegt im Wind.

Und nun drehst du mich so weit herum, bis der Baum genau zur Seite zeigt. Zieh mal an der Schot. Na, was spürst du? Ja, der Wind füllt das Segel, man merkt seine Kraft, man muß die Schot festhalten.

So weit mußt du das Segel mit der Schot heranziehen, wenn der Wind genau von der Seite kommt.

Und nun probierst du das gleiche nochmal aus, aber mit dem Baum und Segel auf der anderen Seite. Dreh mich also wieder zurück, so wie zum Anfang, bis mein Segel genau in der Mitte flattert. Nun drück meinen Bug noch weiter herum, bis mein Segel wieder zur Seite zeigt. Jetzt kannst du es auch mit der Schot anziehen, und wieder drückt der Wind hinein!

Hast du's gemerkt? Ob links oder rechts, auf beiden Seiten mußt du kräftig ziehen, um das Segel heranzuziehen. Nur wenn der Wind genau von vorn kommt, ist kein Druck auf der Schot.
Und damit hast du schon etwas Wichtiges gelernt. Gegen den Wind komme ich niemals voran, weil mein Segel ja nicht mit Wind gefüllt ist. Ich mache nur Fahrt, wenn

der Wind in mein Segel blasen kann.

Das probieren wir jetzt gemeinsam im Wasser aus. Du wirst sehen, Segeln geht ganz einfach. Also, hinein mit mir, ich will endlich schwimmen. Aber vergiß nicht, mich mit dem Rundtörn und zwei halben Schlägen am Steg festzubinden, sonst treibe ich ab und dir davon.

Wenn du jetzt auf dem Steg stehst, kannst du noch mal ausprobieren, woher der Wind weht. Nimm dein Taschentuch und laß es flattern.

Aha, daher kommt der Wind also: von draußen, vom Wasser her. Jetzt weißt du auch schon, in welcher Richtung die Boje ausgelegt werden soll: ein Stück vom Steg weg, in der Nähe vom Ufer, also genau quer zu der Richtung, woher der Wind weht.
Vielleicht legt dein Segellehrer die Boje aus? Sonst könnt ihr euch ja auch zu zweit einen anderen Opti schnappen, der noch nicht aufgetakelt ist, und mit dem paddelt ihr ein Stück hinaus, um die Boje draußen über Bord zu werfen.

Hast du auch deine Schwimmweste angezogen? Dann kann's ja losgehen mit dem Segeln. Aber nimm auch das Paddel und die komische abgeschnittene Plastikflasche mit, die brauchst du vielleicht, um das Wasser auszuschöpfen, wenn etwas hineinspritzt. Sie wird mit einer kurzen Leine, die du um den Griff knotest, an meinem Mast festgebunden.
Statt der Flasche kannst du auch eine Art Schaufel aus Kunststoff nehmen, und die nennt der Segler Ösfaß.

Setzt dich so hin, wie du es schon beim Paddeln gemacht hast, dann ist's am bequemsten und auch am sichersten: mit dem Rücken gegen die eine Bordwand, mit den Füßen gegen die andere. Die Pinne faßt du mit einer Hand an, und die Schot mit der anderen Hand.

Also - Festmacher los - und ab geht die Post. Jemand drückt uns beide vom Steg weg - aber bitte in die richtige Richtung, so daß mein Bug zur Boje zeigt.

Jetzt zieh ein bißchen an der Schot. Hei, wie ich plötzlich lossause. Das bringt Spaß. Dir auch? Ein richtiger Segler sagt aber nicht ziehen oder loslassen, wenn du das Segel anholen oder herauslassen willst, sondern er sagt dichtholen oder fieren dazu.

Aber bitte nicht solche Schlangenlinien fahren! Mir wird ja ganz schlecht davon. Halt die Pinne schön ruhig und genau in der Mitte. Merkst du's nun? Zum Steuern reicht es, wenn du die Pinne nur ganz wenig hin und her bewegst.
Schon ist die Boje erreicht. Jetzt paß gut auf: Segle so um die Boje herum, daß das Segel im Wind flattert und sich auf der anderen Seite wieder füllt. Mach es genau so, wie du es vorhin auf dem Trockenen ausprobiert hast. Damit es für dich ein bißchen leichter wird, hat dir dein Segellehrer gesagt, wie herum du

Vom Steg weg segeln wir zur Boje. Der Wind kommt schräg von hinten. Um die Boje herum geht's mit einer Wende.

Von der Boje zurück zum Steg segelt ihr einen Bogen, denn sonst hätte der Opti zu viel Fahrt drauf und würde anstoßen.

DIE WENDE

Bei der Wende drehst du mit Schwung durch die Richtung, woher der Wind weht. Zuerst drückst du die Pinne nach Lee.

Jetzt wird es Zeit, daß du dich duckst und sehr schnell auf die andere Seite wechselst. Das Segel fängt an, herüberzuschwingen.

Das Segel ist auf der anderen Seite, du bist durch den Wind gedreht. Nun mußt du die Pinne gerade stellen, sonst drehst du weiter.

Der Opti dreht in den Wind, der jetzt schon fast von vorn kommt. Der Segeldruck läßt nach, die Schot wird schnell lose.

Du sitzt in Luv auf der anderen Seite, und der Opti nimmt wieder Fahrt auf. Die Wende ist zuende gesegelt. So schwer war es doch gar nicht?

um die Boje segeln mußt: links oder rechts herum.

Also, steuer mich ganz einfach um die Boje herum. Erst flattert mein Segel, dann füllt es sich, wenn du zum Steg zurücksegelst, wieder mit Wind. Du hast meinen Bug durch die Windrichtung gedreht, und das war schon eine richtige Wende!

Damit hast du das wichtigste Segelmanöver ganz einfach ausprobiert. Ging doch prima, oder?

Vor so einer Wende brauchst du nie Angst zu haben, denn dabei kann gar nichts passieren. Das Segel wechselt langsam von einer Seite auf die andere, du brauchst nur deinen Kopf zu ducken und die Pinne nach der Wende wieder geradeaus zu stellen.

Jetzt geht es mit flotter Fahrt zum Steg zurück. Der Wind bläst dabei von der anderen Seite ins Segel. Und das ist die Luvseite.

Was, das ist dir zu

Wenn der Wind von der Seite kommt und du in Luv sitzt, kannst du den Opti auch bei etwas mehr Wind gut austrimmen.

schwer? Ist es doch gar nicht. Immer da, wo der Wind her bläst, ist Luv. Die andere Seite, auf der gerade Segel und Baum sind, ist Lee.

Und wenn du aufgepaßt hast, dann hast du auch gemerkt, daß mich der Wind immer ein bißchen nach Lee gekippt hat.

Natürlich heißt das in der Seglersprache nun wieder nicht kippen, sondern krängen!

Aber einen Opti kann das ja nicht erschüttern. Mein Bootsboden ist so breit, daß ich kaum kippen, also kentern kann. Ein bißchen Krängung macht also gar nichts, und wenn's dir doch mal etwas zu doll wird, läßt du einfach die Schot los.

Das Segel geht dann weiter raus, und der Druck ist weg.

Probier's mal auf der nächsten Fahrt rund um die Boje. Immer, wenn der Wind etwas doller pustet, dann ist das eine Bö. Kommt eine Bö, dann fierst du einfach etwas die Schot auf. Schon segele ich wieder aufrecht.

So, zum Schluß machen wir mit den anderen Optis eine richtige kleine Regatta. Auf los segeln wir alle gemeinsam vom Steg weg, um die Boje herum und wieder zurück zum Steg.

Wer kommt wohl als erster an?

Eine abgeschnittene Plastikflasche zum Wasser ausschöpfen.

Worte, die du behalten solltest

2

Auftakeln
Reihleine
Segellatten
Lattentaschen
Baumgabel
Querducht
Mastschuh
Spriet
Sprietakelung
Sprietnock
Klemme
Talje
Schot
Blöcke
Achtknoten
im Wind
Ösfaß
dichtholen
fieren
Wende
Luv
Lee
krängen
kentern
Bö

3 ES GEHT AUCH SCHRÄG GEGEN DEN WIND

Der Wind ist ein tückischer Geselle. Meistens weht er aus einer Richtung, die uns gar nicht paßt. Heute zum Beispiel kannst du mit mir nicht so einfach zur Boje segeln, die wir gestern rausgelegt haben, denn der Wind kommt fast aus der Richtung, in der die Boje liegt. Da mußt du mein Segel schon etwas mehr anziehen oder dichtholen, wie es richtig heißt, damit es sich mit Wind füllt .

Paß auf, wir probieren es auf dem Trockenen aus. Erstmal mußt du wieder genau erkunden, woher der Wind weht. Das geht, wie du schon weißt, ganz einfach: Dreh mich so lange auf dem Steg, bis mein Baum genau in der Mitte ist und auch meinSegel genau in der Bootsmitte flattert. Übrigens heißt flattern in der Segelsprache killen. Ein Segel flattert nicht, es killt im Wind.

So, aus dieser Richtung weht also der Wind. Und jetzt dreh mich etwas schräge zur Seite - noch etwas. Richtig! Du mußt mein Segel ziemlich weit dichtholen, bis es nicht mehr flattert. Das Ende vom Baum zeigt jetzt ungefähr auf die hintere Ecke von meinem Spiegel, das ist optimal.

Achte mal nachher beim Segeln zur Boje darauf, da muß der Baum auch ungefähr auf meine Spiegelecke zeigen.

Und nun weißt du auch schon, wie unser Kurs zur Boje ist. Der Wind kommt schräge von vorn. Darum nennt man das am Wind segeln.

Wenn du mit einer Wende um die Boje gesegelt bist, geht's zum Steg zurück. Auch das probieren wir erst mal auf dem Trockenen. Dreh mich so weit herum, bis mein Bug in die entgegengesetzte Richtung zeigt - so, wie du später von der Boje zurücksegelst.

Was passiert mit meinem Segel? Du kannst die Schot fast ganz auffieren und das Segel ganz auslassen - es wird vom Wind immer noch prall gefüllt.

Wenn der Wind so weit von hinten kommt, dann segelst du mit Backstagsbrise. Das ist ein leichter Kurs, denn ich kutschiere dich ohne Krängung übers Wasser, und schnell geht es auch. So ähnlich war's gestern, nur da kam der Wind genau von der Seite, und das nennt man halben Wind.

So, nun aber nichts wie hinein in den Bach, ich bin schon richtig ungeduldig. Der Segellehrer hat die Boje ein bißchen verlegt, damit wir auch richtig auf einem Am-Wind-Kurs zu ihr hinaussegeln können.

Nanu, da passiert gar

Auf dem Trockenen kann man gut ausprobieren, wie das Segel eingestellt werden muß. Wenn der Wind fast von vorne kommt (links), mußt du das Segel ziemlich weit dichtholen, damit es nicht mehr killt. Wenn der Wind schräge von hinten - mit Backstagsbrise - kommt, kannst du es weiter auslassen.

nichts, wir beide kommen nicht voran! Mein Segel killt ja immer noch! Ziehen! Dichtholen! Du mußt noch mehr mit der Schot das Segel zu dir heranziehen.

Jetzt geht's. Das Killen ist weg, und mein Baum steht fast über der Ecke vom Spiegel.

Merkst du, wie wir lossausen? Halt die Schot gut fest, laß sie nicht wieder auslaufen.

Da ist die Boje! Nichts wie rum mit einer Wende. Schon beim Wenden um die Boje fierst du die Schot und läßt mein Segel raus, bis der Baum zur Seite zeigt, denn jetzt kommt der gemütliche Kurs zum Steg zurück.

Das bringt Spaß, und wir probieren zusammen mit den anderen Optis den Kurs um die Boje gleich noch einmal.

Prima, jetzt kannst du den Am-Wind-Kurs und Backstags-Kurs gut. Eigentlich brauchst du nicht immer wieder zum Steg zurück, das ist viel zu umständlich und tut mir gar nicht gut, denn ich knalle immer mit meinem Bug dagegen.

Wir segeln jetzt neben dem Steg eine große Kurve und dann eine Wende, so daß du gleich wieder zur Boje steuern kannst.

Nanu, was hast du

Jetzt segeln wir wie auf einer Acht um zwei Bojen, und zwar jedes Mal mit einer Wende. Das bringt Spaß, und wir machen eine tolle Fahrt. Dabei kann man schon eine richtige Regatta segeln.

denn? Doch nicht etwa Angst? Naja, es hat etwas aufgebrist, der Wind ist stärker geworden. Da krängt ein Opti halt auf einem Am-Wind-Kurs etwas mehr. Rauf auf die Welle, runter die Welle, die ersten vorwitzigen Spritzer kommen über. Jetzt siehst du mal, was ich für ein toller Opti bin, und was ich alles vertragen kann.
Aber du - du sitzt auf meinem Boden wie ein nasser Sack!

Wie wär's denn, wenn du mal etwas nach vorn rutschst, bis an das Mittelschott heran, und dich nach Luv setzt? (Du weißt doch: Luv ist die Seite, wo der Wind herbläst.)

Na, siehst du, jetzt segeln wir am Wind viel aufrechter, die Krängung läßt nach, und es geht auch schneller.
Das kommt auch, weil achtern die Wasserwirbel nicht mehr so stark sind. Wenn ich mit mei-

Der Wind ist stärker geworden. Da kannst du auf der Bordwand sitzen und kräftig austrimmen.

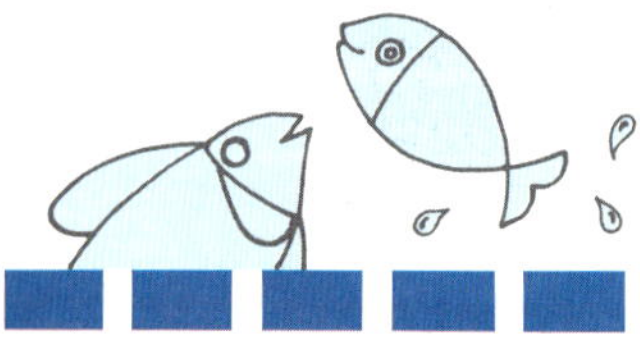

nem Heck tief ins Wasser tauche, bremst das.

Hui, da kommen noch mehr Böen angefegt. Das ist jetzt bestimmt schon Windstärke 4 oder sogar 5. Hast du Mut? Dann setz dich mal mit dem Po auf meine Bordwand. Keine

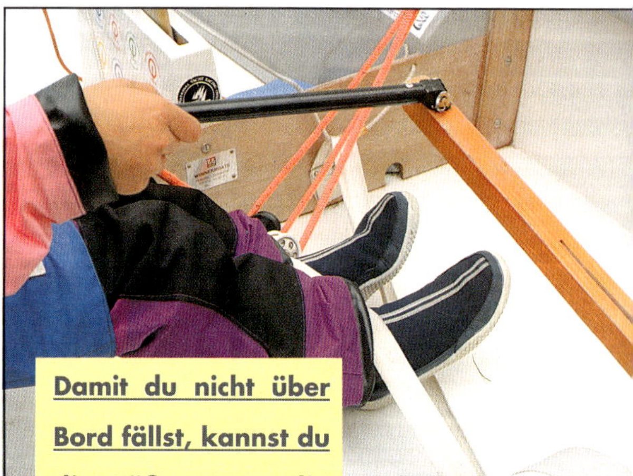

Damit du nicht über Bord fällst, kannst du die Füße unter die Ausreitgurte haken.

Angst, ich kippe nicht um. Da muß es schon ein bißchen mehr wehen. Aber du kannst jetzt besser austrimmen.

Wenn du deine Füße unter einen der beiden Fußgurte auf meinem Boden hakst, kannst du dich sogar etwas nach außen legen. Je weiter du dich zurückbeugst, desto leichter geht das Ausreiten der Böen. Ausreiten sagt man, wenn du versuchst, möglichst aufrecht zu segeln.

Nach jeder Wende mußt du dich nun bei dieser Windstärke umsetzen. Immer nach Luv. Wenn du nämlich in Lee sitzen bleibst, kann es, besonders am Wind, wirklich passieren, daß wir kentern, und das willst du doch nicht, oder ?

Übrigens, mit der Schot und der Pinne kannst du auch allerhand machen, damit wir nicht schief liegen. Du hast es beim Segeln am Wind schon gemerkt: Immer, wenn du in einer Bö die Schot und damit das Segel auffierst, wird die Krängung ganz schnell weniger, weil dann nämlich der Winddruck aus dem Segel raus ist.

Schneller geht es aber manchmal, wen du mit der Pinne etwas anluvst. Dazu drückst du sie mit einem Ruck nach Lee, so daß du mich in die Richtung steuerst, woher der Wind kommt. Der kann dann nicht mehr das Segel füllen, und wir liegen gerader.

Manchmal, wenn eine richtig dicke Bö einfällt, kannst du mich auch ganz in den Wind drehen! Dann stehe ich sofort, das Segel killt in der Mitte und die Bö hat keine Kraft mehr. So was nennt man in den Wind schießen.

Diesen Trick kannst du auch prima anwenden, wenn du vor dem Wind oder mit Backstagsbrise segelst. Denn dann kannst du das Segel ja gar nicht mehr weit auffieren, weil doch die Schot schon fast ganz ausgelaufen ist.

Aber anluven, etwas in den Wind drehen, das geht immer noch - und schon flattert mein Segel, weil der Winddruck raus ist. Versuch es doch mal!

Worte, die du behalten solltest

3

killen
am Wind
Am - Wind - Kurs
Backstagsbrise
Backstags - Kurs
halber Wind
aufgebrist
Mittelschott
Wasserwirbel
Fußgurte
austrimmen
ausreiten
in den Wind schießen

4 ANLEGEN HEISST NICHT RAMMEN

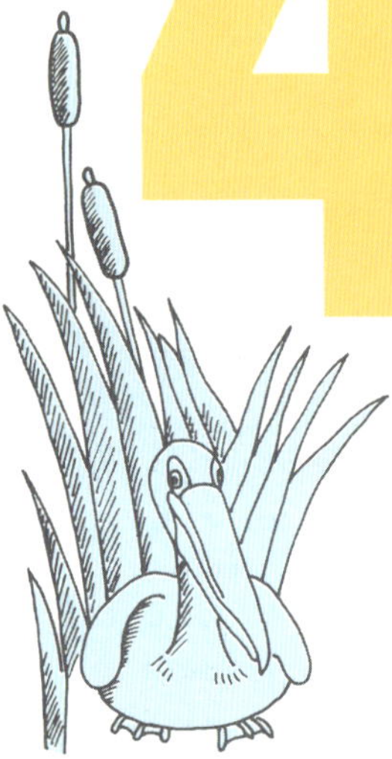

Also, das Anlegen war mir aber doch ein bißchen zu ruppig. Mein Bug hat schon Schrammen, die sehen gar nicht gut aus. Darum bitte ich dich, mit mir armen Opti etwas sanfter umzugehen und erst einmal richtiges Anlegen und Ablegen am Steg zu üben.

Du hast schon gemerkt, daß wir beide beim In-den-Wind-schießen ganz schnell stehen bleiben, weil mein Segel in der Mitte killt und der Wind uns von vorne entgegenpustet. Das bremst ganz schön die Fahrt!

Diesen Trick wollen wir jetzt ausnutzen. Ganz genau so machen wir es nämlich beim Anlegen. Der Wind ist unsere Bremse.

Dazu mußt du aber wieder genau wissen, woher der Wind kommt, damit du sicher an der Leeseite des Steges anlegen kannst (das ist nicht die Seite, auf die der Wind drückt, sondern die andere). Du wirst es gleich merken, Anlegen geht nur gegen den Wind!

Also: An der Leeseite des Steges fahren wir eine große Kurve, so daß du genügend Platz für einen Aufschießer in den Wind hast.

Ein Aufschießer ist, wenn du mich nicht etwa langsam, sondern mit einem Ruck in den Wind drehst, wobei du die Pinne ganz nach Lee drückst.

Alle Optis liegen fertig aufgetakelt am Steg. Wenn der Wind kommt, kann losgesegelt werden.

Wenn mein Segel genau in der Mitte flattert, brauche ich nämlich noch etwas Auslauf, bis wir zum Stillstand kommen.

Rrrums! Siehst du, jetzt war die Kurve zu kurz und die Fahrt noch zu groß. Da sind wir kräftig gegen den Steg gestoßen. Beim nächsten Versuch segele mal eine größere Kurve!

Na, die war wohl zu groß! Jetzt kommen wir nicht hin. Schnell, wrigg ein bißchen mit der Pinne, damit wir den letzten Meter auch noch schaffen.

Diesmal war's richtig. Jetzt kommst du mit dem letzten Schwung gerade noch am Steg an. Dein Freund nimmt das Tauende und macht es am Ring fest.

Das Ablegen ist natürlich viel leichter als das Anlegen. Da liege ich ja schon im Wind, und der drückt mich vom Steg ab. Nun mußt du nur aufpassen, daß dein Freund uns beim Ablegen zur richtigen Seite abschiebt, damit mein Bug auch dahin zeigt, wo wir hinsegeln wollen.

Wenn du selbst die Leine losmachst, kannst du uns viel besser in die richtige Richtung abdrücken. Mein Segel steht gleich voll, wenn du es dichtholst, und ab geht die Post.

Aber der Wind ist ein launischer Geselle. Er weht ja nicht immer aus einer Richtung, und manchmal kommt er so, daß wir nicht gegen den Wind ansegeln können. Ganz schwierig ist es, wenn alle Optis auf der Luvseite des Steges liegen, weil auf der

Hier kommt der Opti mit Fahrt angesegelt und macht zwei Bootslängen vor dem Steg einen Aufschießer.

Der Steuermann drückt die Pinne kräftig nach Lee und dreht damit den Opti in den Wind, so daß er Fahrt verliert.

Die Pinne wird wieder gerade gestellt und so der letzte Schwung bis zum Steg ausgenutzt.

Die Kunst ist, den Auslauf so abzuschätzen, daß der Opti kurz vor dem Steg fast vollständig stillsteht.

Beim Ablegen läßt du dich vom Steg aus zurücksacken und drückst dabei die Pinne nach Lee.

Zeigt der Bug zu der Richtung, zu der du nun wegsegeln willst, drückst du die Pinne nach Luv.

Kommt der Wind von der Seite, fierst du das Segel auf und steuerst in einem leichten Bogen vom Steg weg.

Jetzt kannst du das Segel noch weiter auffieren, und schon nimmt der Opti ordentlich Fahrt auf.

anderen Seite kein Platz ist. Dann drückt der Wind uns kräftig gegen die Stegwand, und manchmal knallen wir sogar durch die Wellen dagegen.

Ein richtiger Segler hat dann vor einer solchen Windrichtung Angst. Er sagt, der Wind weht auflandig, denn statt des Steges kann da ja auch das Land oder Ufer sein. Und wenn er mit seinem Boot auf das Ufer gedrückt wird, dann ist er auf Legerwall getrieben.

Eine Legerwallküste ist also immer die Küste, auf die der Wind drückt, und sie ist immer gefährlich.

Kommt der Wind dagegen ablandig, also vom Ufer her, ist es ungefährlich. Du merkst schon, daß das Ablegen bei auflandigem Wind nicht so einfach ist. Schließlich müssen wir irgendwie vom Steg wegkommen, auch wenn der Wind uns immer dagegen drückt.

Das geht nur mit Schwung! Am einfachsten ist es, wenn dein Freund uns kräftig schräge zur Seite schubst, so daß wir gleich Fahrt machen und mein Segel mitziehen kann. Dazu mußt du es gleich nach dem Anschieben etwas dichtnehmen - aber nicht so doll, sonst zieht es zum Anfang nicht!

Also: Bei auflandigem Wind mußt du immer versuchen, schräge vom Steg wegzukommen. Gegen den Wind geht es überhaupt nicht. Wenn dir niemand hilft, mußt du selbst kräftig Schwung holen.

Dazu schiebst du uns ganz einfach seitlich am Steg entlang, bis wir genügend Fahrt machen, und dann steuerst du schräge vom Steg weg.

Siehst du, es geht doch! Man braucht etwas Übung dazu, und deshalb probieren wir das Ablegen mit auflandigem Wind.

Was passiert nun aber, wenn wir mit auflandigem Wind anlegen müssen? Dann können wir doch den Wind nicht als Bremse benutzen.

Du hast es schon gemerkt: Selbst wenn du beim schrägen Hinsegeln zum Steg das Segel ganz auffierst, ist es immer noch etwas mit Wind gefüllt, und wir machen noch mächtig viel Fahrt.

Die kriegst du nur mit dem Trick heraus, den wir schon gelernt haben: Wenn du mit etwas Abstand parallel zum Steg segelst, steuerst du einfach ganz schnell ruckartig in den Wind, bis das Segel mittschiffs flattert. Dann ist unser Freund, der Wind, doch wieder die Bremse. Die Fahrt ist weg, und wir treiben langsam an den Steg zurück.

So schwierig ist es gar nicht, denn eines ist klar: Der Wind treibt dich immer zum Steg, du kommst also immer an.

4

Worte, die du behalten solltest

Anlegen
Ablegen
Aufschießer
Auslauf
ablandig
auflandig
Legerwall
Legerwallküste
mittschiffs

Das Ablegen bei auflandigem Wind ist schwierig. Zuerst mußt du dich kräftig vom Steg abstoßen und dabei das Segel langsam dichtholen.

5 EINE HALSE IS

Du hast dich sicher schon gefragt, warum wir bisher immer mit dem Bug durch den Wind gewendet haben. Es muß doch auch anders herum gehen, zum Beispiel, wenn wir einen Kreis segeln wollen. Richtig! Dann drehe ich dem Wind mein Heck zu, und der bläst kräftig darauf.

Bei der Wende drehen wir mit dem Bug durch den Wind, und bei einer Halse mit dem Heck. So heißt nämlich das Manöver: Halse.

Das probieren wir wieder zuerst auf dem Trokkenen. Also, dreh mich so lange, bis der Wind direkt auf meinen Spiegel bläst. Mein Segel will weit nach vorne schwenken, aber irgendwann ist Schluß, weil die Schot nicht so lang ist und der Achtknoten am Ende schon vor dem Fußblock sitzt.

Nun versuch doch mal, das Segel mit der Schot auf die andere Seite zu ziehen. Hoppla! Da hätte dich der Baum bei-

DIE HALSE

KEIN KINDERSPIEL

nahe am Kopf getroffen. Das ging ja schnell wie der Blitz, so plötzlich ist er hinüber gesaust.

Nun weißt du, warum eine Halse so schwierig ist: Bei der Wende kommt das Segel ganz langsam und ohne Kraft von einer Seite auf die andere. Bei einer Halse dagegen knallt es mit Wucht rüber, und du mußt dich schnell ducken, damit du den Baum nicht an den Kopf kriegst.

Probier das Manöver noch einmal, aber hole vor dem Drehen die Schot ein bißchen dicht! Peng, da knallt das Segel wieder rüber, aber

Bei der Halse kommt der Wind von hinten, und das Segel schlägt schnell von einer Seite zu der anderen.

EINE HALSE SEGELN

Hier kommst du mit Fahrt angesegelt. Der Wind bläst ziemlich genau von hinten in das Segel hinein.

Nun soll es auf die andere Seite. Dazu steuerst du nach Lee und holst das Segel langsam immer dichter.

Jetzt heißt es a
passen: das Seg
schlägt schn
über, und du mu
dich tief ducken

Peng, das Segel
herumgeknal
Ganz flink setzt
dich nun auf
andere Seite.

Die Halse ist
schafft: Pinne ge
de, Segel dicht, u
ab geht die Post
neuem Kurs.

es hat längst nicht so viel Schwung und Gewalt, weil es ja nicht mehr so weit herumschwingen kann.

Später, im Wasser, mußt du aber nach dem Herumschwingen die Schot ganz schnell fieren, sonst krängt ein Opti zu doll und kann dabei sogar kentern.

Aber bei der Halse ist noch etwas passiert: Als das Segel herumschlug, ist der Baum nach oben gegangen und dann wieder herunter geknallt. Das macht das Manöver noch brenzliger, und daher mußt du dafür sorgen, daß der Baum nicht hochgehen kann.

Dafür ist die kurze Leine vorne am Baum da. Fädel sie doch durch die Klemme unten am Mast und setz sie stramm fest.

Versuch jetzt mal, hinten den Baum anzuheben. Siehst du, er läßt sich kaum noch anlupfen, er wird von der Leine niedergehalten. Und deswegen nennt man diese wichtige Trimmeinrichtung auch Baumniederhalter.

So, nun wollen wir mal sehen, ob du die Halse auch schon auf dem Wasser fahren kannst. Dazu müssen aber erst mal zwei Bojen ausgelegt werden, und zwar eine dicht beim Steg, die andere weiter draußen. Die weiter entfernte wird so ausgelegt, daß du dorthin genau mit halbem Wind segeln kannst.

Auf los geht's los. Mit halbem Wind brausen wir ab, aber vergiß nicht, dich nach Luv zu setzen, wie du es schon früher gelernt hast.

Das Manöver draußen bei der Boje ist altbekannt. Da segeln wir

Es ist wichtig, vor dem Wind den Baumniederhalter dichtzuholen, damit der Baum nicht steigen kann.

Bei der Wende kommt der Wind von vorn, die Schot ist ganz dichtgeholt und Segel und Baum wechseln ganz langsam von der einen zur anderen Seite. Es ist ungefährlich.

Bei der Halse kommt der Wind von hinten, die Schot ist ganz aufgefiert, Segel und Baum schlagen schnell von der einen zur anderen Seite. Man muß gut aufpassen.

nämlich wieder mit einer Wende herum. Und genau so schnell, wie wir zur Boje gesegelt sind, geht es auch wieder mit halbem Wind zurück.

Aber jetzt, nahe am Steg, wird's spannend. Hier mußt du nämlich mit einer Halse um die Boje segeln. Schnell nochmal daran denken, wie das bei der Trockenprobe war: Wenn du herumkurvst, kommt der Wind von hinten. Schnell die Schot ganz auslassen. Pinne ganz zur Seite drücken, Schot etwas anholen und - peng! Der Baum saust herum. Die Schot läuft aus und die Halse ist geschafft.

So schwer war's doch gar nicht, oder? Das üben wir jetzt immerzu. Ich bin ein geduldiger Opti und freue mich mit dir, wenn du die Halse richtig kannst.

Angst brauchst du nicht zu haben, denn das Manöver läuft ja ganz dicht beim Steg ab. Sollten wir beide wirklich mal kentern, holen uns die anderen schnell wieder heraus.

Bei einem Kreis um zwei Bojen wird einmal eine Wende gesegelt und einmal eine Halse, das übt gut!

Denn das mußt du wissen: Bei einer Wende

kann man eigentlich nie kentern, wohl aber bei einer Halse. Wenn mein Segel dabei zu schnell herüberkommt und nicht gleich aufgefiert wird, kränge ich sehr zu der Seite, wo der Baum ist, und wenn du dann auch noch auf dieser Seite sitzt, liegen wir beide schnell im Bach.

Also: Knie dich bei einer Halse besser in der Mitte hin, dann kannst du dich schneller von Lee nach Luv bewegen.

Damit der Kurs nicht zu langweilig wird, wollen wir jetzt von Boje zu Boje eine Acht segeln, diesmal aber mit zwei Halsen. Also, die Boje draußen umrundest du jetzt nicht - wie vorhin - mit einer Wende, sondern auch mit einer Halse. Du mußt sie also an der entgegengesetzten Seite liegen lassen. War die Boje bisher zum Beispiel immer an Steuerbord, so läßt du sie nun an meiner Backbordseite liegen.

Ach so, du weißt nicht, wo Backbord und Steuerbord ist? Paß auf, das kannst du leicht lernen:

PALSTEK

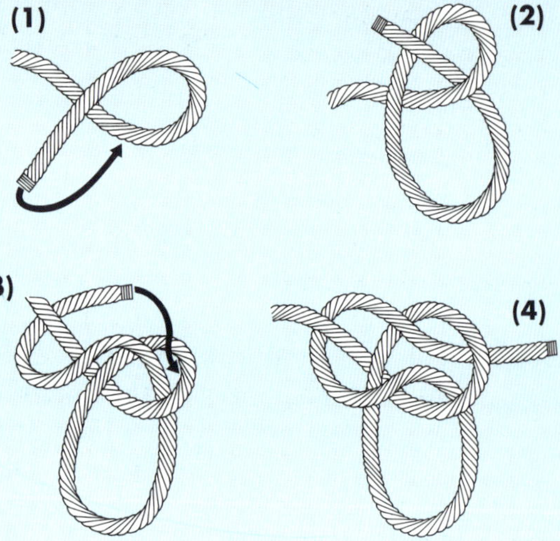

Und so wird der Palstek gemacht:

Leg die Leine links von dir hin und mach ziemlich am Ende eine Öse (1).

Das kurze Ende der Leine wird nun mit einem großen Bogen von unten durch die Öse gesteckt (2).

Jetzt legst du das kurze Ende unten um das lange Ende herum und steckst es von oben wieder durch die Öse (3).

Festziehen und fertig. Das ist jetzt eine prima Schlaufe, die man auch um einen Pfahl legen kann (4).

Wenn du aufgeregt bist, kriegst du rote Backen - oder? In dem Wort Backbord steckt auch das Wort Backen drin, und daher weißt du, daß Backbord immer rot ist. Nun mußt du dir nur noch merken, daß Backbord immer links und Steuerbord (grün) auf allen Schiffen immer rechts ist.

Deswegen haben die großen Segler, Motorboote und Berufsschiffe auch an Backbord eine rote Positionslampe und an Steuerbord eine grüne. Daran kannst du nachts ihren Kurs erkennen.

So, heute hast du das schwierigste Manöver, die Halse, gelernt,und das klappte prima. Warum willst du nicht auch noch gleich den schwierigsten Knoten lernen? Vielleicht ist heute dein Glückstag, an dem alles gut geht.

Einen Palstek kann man auch über eine Klampe legen.

Also, fangen wir mit dem Palstek an. Den brauchst du immer, es ist der wichtigste Seemannsknoten überhaupt.

Mit dem Palstek machst du nämlich eine Schlaufe, die man zum Beispiel über einen Pfahl oder eine Klampe werfen kann.

Aber mit dem Palstek kann man noch viel mehr machen: du kannst damit am Stegring festmachen, zwei Leinen zusammenknoten oder eine Festmacherleine anknoten.Wenn du den Palstek kannst, bis du König, denn fast alle Knoten, die beim Segeln gebraucht werden, lassen sich auch mit einem Palstek machen.

Worte, die du behalten solltest

5

Halse
Fußblock
Manöver
Baumniederhalter
Steuerbord
Backbord
Backbordseite
Positionslampe
Palstek
Klampe

6

Wind schräg von vorn: Das dichtgeholte Segel füllt sich und zieht.

Bei den Segelübungen hast du schon gemerkt, daß es schwierig ist, gegen den Wind anzusegeln. Man kommt einfach nicht dahin, woher der Wind bläst. Aber du kannst ihn überlisten.

Eines haben wir nämlich schon geschafft: schräge gegen den Wind anzusegeln. Da mußt du das Segel ganz dichtnehmen und gut aufpassen, daß es nicht an zu killen fängt, weil wir dann einfach nicht mehr weiterkommen.

KREUZEN IST ZICK-ZACK-SEGELN

Wind von hinten: Das Segel ist ganz aufgefiert, die Schot ganz ausgelassen. Im Wasser segelst du so vor dem Wind, das ist der allerbequemste Kurs.

Also, wenn man zu einer Seite schräge gegen den Wind ansegelt, muß man das doch auch genauso zur anderen Seite tun können.

Und das geht wirklich. Das Segel ist dabei einmal an der Backbordseite und einmal an der Steuerbordseite.

Wenn du dir das in Gedanken vorstellst, wie sieht dann wohl der Kurs aus, den du steuerst? Richtig, er geht zick-zack in die Richtung, woher der Wind weht. Natürlich nennt das der Segler nicht Zick-Zack-Segeln, sondern kreuzen.

Laß es uns erst mal wieder auf dem Trockenen ausprobieren. Drehe mich solange, bis der Wind genau von vorne kommt. Nun hole die Schot dicht, halte sie gut fest und drehe meinen Bug etwas zur Seite, bis der Wind das Segel füllt.

So, jetzt steht das Segel voll, und das ist der "Zick"! Jetzt würden wir auf dem Wasser schräge gegen den Wind lossausen, wie du weißt.

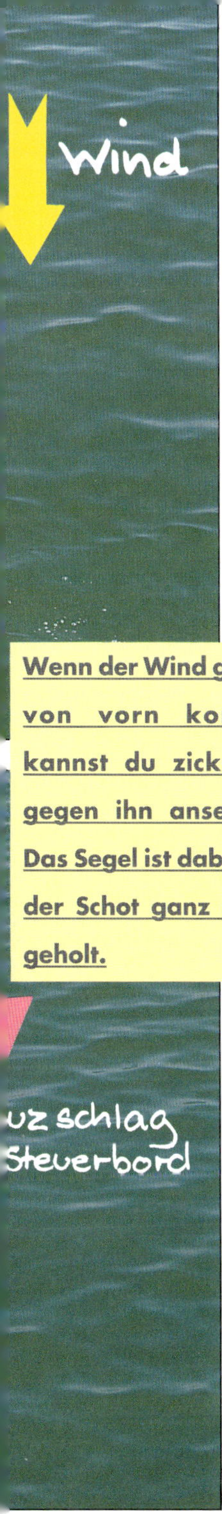

KREUZEN GEGEN DEN WIND

Wenn der Wind genau von vorn kommt, kannst du zick-zack gegen ihn ansegeln. Das Segel ist dabei mit der Schot ganz dichtgeholt.

Und nun machen wir das gleiche auf dem anderen Bug. Dreh mich jetzt zur anderen Seite. Das Segel flattert, kommt in die Mitte, schwingt zur anderen Seite - Wende - und wird vom Wind wieder gefüllt, wenn mein Baum über der anderen Spiegelecke steht. Das ist der "Zack", oder richtig gesagt, der andere Kreuzschlag gegen den Wind.

Das wollen wir jetzt auf dem Wasser ausprobieren. Aber bevor es hineingeht, mußt du mir noch meinen Kopfputz anstecken. Das kleine viereckige rote Fähnchen kommt auf den Masttopp und heißt Verklicker.

Warum? Weil er dir ganz genau verklickert, woher der Wind kommt, und wie du zur Windrichtung segelst.

Vor allem beim Kreuzen ist das wichtig. Wenn der Verklicker schräge zu der einen oder anderen Seite weht, segelst du richtig am Wind. Wenn das Fähnchen aber zur Mitte zeigt, liegst du im Wind.

Und nun brauchen wir für unsere Segelübungen wieder zwei Bojen. Die eine legen wir genau in der Richtung aus, woher der Wind weht, die andere ebenfalls, aber so, daß zwischen beiden Bojen Platz für mindestens 20 Optis hintereinander bleibt.

Auf geht's. Zuerst wollen wir versuchen, die Boje zu erreichen, die am weitesten in der Richtung liegt, aus der der Wind bläst. Denk an vorhin: Schot dichtholen, bis der Baum etwa über der Ecke am Spiegel ist - und "Zick" ! So geht's ein paar Meter, und nun - Wende - "Zack"! Das klappt ja wie zick-zack-genäht.

Jetzt killt das Segel? Dann hast du zu weit in die Windrichtung hineingesteuert. Abfallen, bis das Segel wieder richtig voll Wind ist! Halt, aber nicht zu viel, sonst kommst du ja nie zur Boje. Mit der Zeit wirst du schon herausbekommen, wie weit man anluven kann oder abfallen muß.

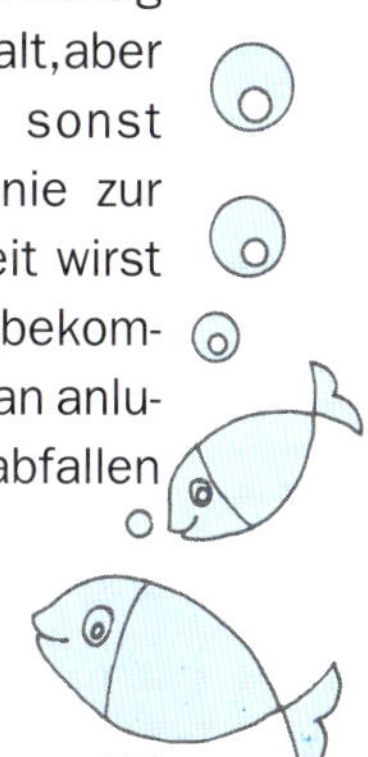

Um das Kreuzen und Vorm-Wind-Segeln zu üben, legen wir zwei Bojen so aus, daß ein Vorm-Wind-Kurs und ein Kreuzkurs entsteht. A kreuzt mit langen Schlägen auf, und B hat sich für kurze Kreuzschläge entschieden. Beide Optis erreichen die Boje.

Wir können viele ganz kurze Kreuzschläge machen oder nur ein paar lange. Das ist egal, denn wir kommen mit kurzen oder langen Kreuzschlägen zur Boje. Bei langen hast du es etwa leichter, denn da mußt du nur wenige Wenden segeln. Doch zum Anfang sind kurze Kreuzschläge ganz gut, um das Kreuzen besser zu lernen.

Kurz vor der Boje wird's etwas schwierig, denn da mußt du abschätzen, ob du sie mit dem nächsten Kreuzschlag schon anliegen, das heißt erreichen kannst. Meistens segelt man die letzte Wende zu früh, und dann muß man noch einen weiteren Kreuzschlag machen.

Die Boje ist erreicht. Nun heißt es aufpassen! Wenn du um die Boje segelst, mußt du eine Halse fahren! Also: Schot etwas dichtholen, Pinne zur Seite drücken, Kopf schnell ducken - peng! Da ist der Baum auf der anderen Seite.

Schon geht's zur anderen Boje zurück. Das geht viel schneller, da wir vor dem Wind herfahren. Und da er genau von hinten kommt, nennt man das Vorm-Wind-Segeln. Dazu mußt du das Segel ganz weit ausfieren, damit der Wind auch richtig schieben kann.

Hallo - da ist ja die andere Boje schon. Und nun fängt das Kreuzen von vorn an. Tja, mühsam ist das! Aber wenn du später um die Wette segeln willst, mußt du gut kreuzen können, denn auf der Kreuz stellt es sich heraus, wer der beste Segler ist. Darum üben wir jetzt immerzu das Kreuzen und Vorm-Wind-Segeln.

Nun hast du's auch richtig gemerkt: Vorm Wind liege ich wie ein Brett im Wasser, ganz gerade, und wenn du dabei ein bißchen mehr nach vorne rückst, an das Mittelschott heran, geht's noch schneller, denn die bremsenden Strudel werden hinten unter dem Heck weniger, weil der Spiegel nicht mehr so tief ins Wasser taucht.

Hast du Mut? Nun, dann zieh auf dem Vorm-Wind-Kurs das Schwert etwas im Schwertkasten hoch und hake es mit dem Gummiband fest, das extra dafür vorne im Opti festgelascht ist. Ein Schwert, das nicht im Wasser steckt, kann auch nicht bremsen. Klar - oder?

Und vor dem Wind hat das Schwert gar keine Arbeit zu tun, denn wir können - weil der Wind genau von hinten kommt - sowieso nicht zur Seite wegtreiben. Aber vergiß bloß nicht, das Schwert kurz vor der Halse wieder runter zu drücken, denn sonst würden wir sofort wieder zur Seite wegtreiben, und alle anderen könnten lachend an uns vorbeisegeln.

Aufpassen mußt du vorm Wind auch vor einer Patenthalse! Was das ist? So nennen Segler aus Spaß eine Halse, die man eigentlich gar nicht machen will. Aber sie passiert ganz leicht, wenn du vorm Wind nicht darauf achtest, daß der Verklicker immer ein bißchen schräge zu der Seite zeigt, an der auch das Segel ist. Weht er zur anderen Seite, bist du zu weit abgefallen. Dann kann der Wind von hinten ins Segel blasen und haut es herum.

So schnell kannst du gar nicht den Kopf einziehen, wie das passiert, und dann hast du eine Beule am Kopf. Also: aufgepaßt vor der Patenthalse!

An der Kreuz kann dir das nicht passieren, dafür ist aber die Krängung größer. Wenn mal besonders starke Böen einfallen, ist das aber noch nicht dramatisch. Denn das Ausreiten oder Trimmen auf der hohen Kante (wie man die Luv-Bordwand auch nennt,

SCHOTSTEK

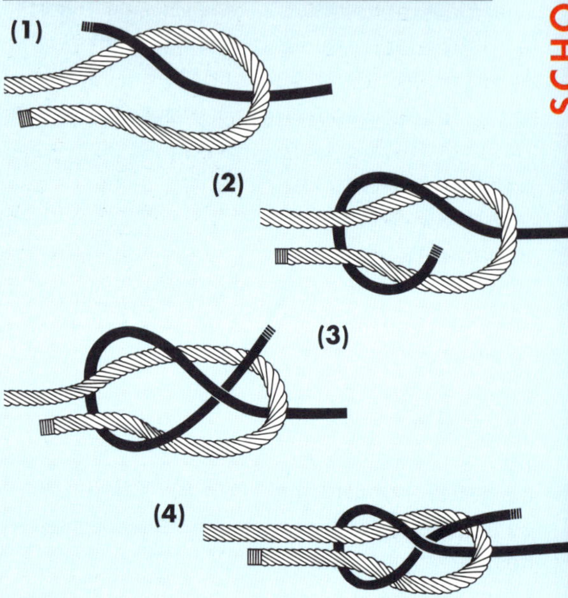

Mit einem Schotstek kannst du sehr gut eine dicke Leine mit einer dünneren zusammenknoten.
(1) Am Ende der dicken Leine machst du eine Schlaufe. Durch die Öse steckst du die dünnere Leine von unten durch.
(2) Jetzt legst du die dünne Leine ganz außen um die Schlaufe der dicken Leine herum, bis du wieder eine Schlaufe hast.
(3) Das Ende steckst du zwischen dicker und dünner Leine hindurch.
(4) Wenn du jetzt an beiden Leinen ziehst, zieht sich der Schotstek zusammen.
Du bist nicht ganz sicher, daß der Knoten hält? Dann kannst du die dünne Leine zweimal um die Schlaufe wickeln, bevor du sie festziehst. Diesen Knoten nennt man dann einen doppelten Schotstek. Und der hält ganz bestimmt.

weil sie immer zur Windseite hin hochkommt) hast du ja schon bei den Segelübungen schräge gegen den Wind gelernt. Liege ich trotzdem noch zu schräge auf der Seite, brauchst du nur die Schot etwas loszulassen. Schon ist der Winddruck aus meinem Segel heraus, und wir beide liegen wieder gerade auf dem Wasser.

Hast du's gemerkt? Kreuzen bringt Spaß, wenn man es erst mal richtig kann, und man mag gar nicht damit aufhören, wenn ein guter Wind weht. Jetzt kannst du schon super segeln - du kannst alle Kurse und alle Manöver, die man zum Segeln braucht.

Aber leider kannst du noch nicht alle Knoten, die du wissen mußt. Es gibt noch einen ganz einfachen, den du brauchst, wenn eine dicke Leine mit einer anderen, dünnen zusammengeknotet werden soll. Diesen Knoten nennt man Schotstek.

Bei einer Halse muß man sich ziemlich tief ducken.

Worte, die du behalten solltest

Kreuzen
Kreuzschlag
Kreuzkurs
an der Kreuz
auf der Kreuz
das Segel steht voll
auf dem anderen Bug
Masttop
Verklicker
anliegen
Vorm-Wind-Segeln
festgelascht
Patenthalse
auf der hohen Kante
Schotstek
doppelter Schotstek

6

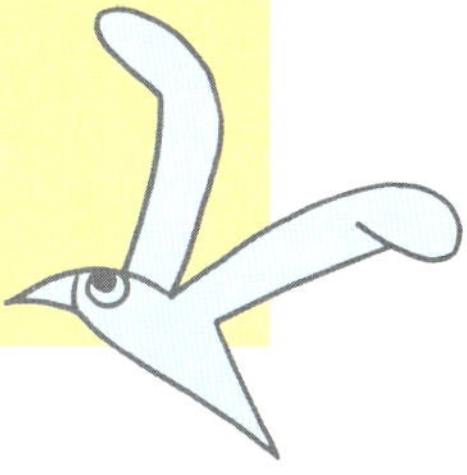

7 DER STÄRKERE HAT KEINE VORFAHRT

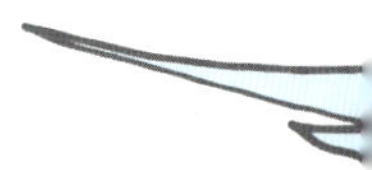

Du hast es schon gemerkt: Beim Absegeln der Acht oder beim Kreuzen und Vorm-Wind-Segeln gab es manchmal spannende Momente. Wenn nämlich ein anderer Opti entgegenkam oder beim Kreuzen auf uns zusegelte, wußte niemand, wer denn nun die Vorfahrt hatte, und wer ausweichen mußte. Dafür gab es dann jedesmal ein großes Geschrei und manchmal sogar einen Zusammenstoß, der mir armen Opti gar nicht gut gefiel.

Das muß jetzt anders werden. Es gibt nämlich genaue Regeln, wer ausweichen muß, und wer Wegerecht hat. Die einfachste Regel ist auch die Wichtigste, denn die kannst du fast immer anwenden.

Sie läßt sich ganz leicht lernen, paß auf!
Du hast dir gut gemerkt, welche Seite Backbord ist? Richtig, die mit der roten Backe, auf der linken Seite. Dann ist an meiner rechten Seite Steuerbord. Und nun kommt's :

Immer, wenn der Wind von der Steuerbordseite in mein Segel bläst, hast du Vorfahrt.

Diesen Satz mußt du dir sehr gut merken: Wind von Steuerbord hat Wegerecht.

Ich möchte gleich einmal sehen, ob du es schon begriffen hast und fange daher mit einer schweren Aufgabe an. Also: Wenn wir beide vor dem Wind segeln, mein Baum und mein Segel dabei aber auf der Backbordseite

A segelt mit achterlichem Wind von Steuerbord, B kommt kreuzend mit Wind von Backbord entgegen und muß ausweichen.

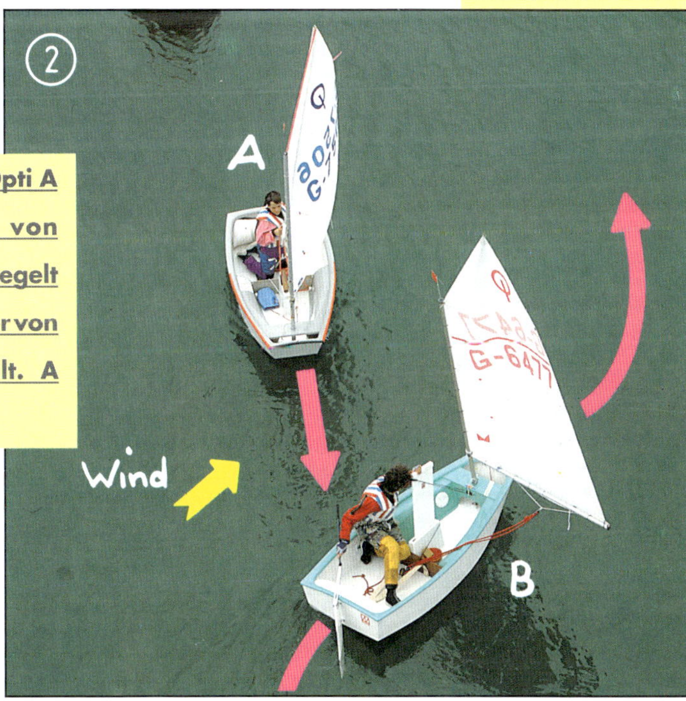

er kreuzende Opti A at den Wind von teuerbord, B segelt or dem Wind, der von ackbord einfällt. A at Wegerecht.

Beide Optis haben den Wind von Steuerbord. Doch B muß ausweichen, weil A am höchsten am Wind segelt.

stehen, und ein anderer Opti kommt uns kreuzend mit Wind von Backbord entgegen - wer hat dann Wegerecht (Bild 1, vorige Seite)? Wir natürlich! Ist doch klar, denn wir haben den Wind von Steuerbord.

Nun stellen wir uns das Ganze mit entgegengesetzter Baum- und Segelstellung vor. Wir segeln wieder vor dem Wind, haben aber Baum und Segel an Steuerbord. Der Opti, der dir auf der Kreuz entgegenkommt, liegt jetzt auf dem anderen Bug und hat den Wind von Steuerbord. Wer hat Wegerecht (Bild 2 auf der vorigen Seite)?

Natürlich das aufkreuzende Boot, es hat den Wind von Steuerbord. So einfach ist das - solange du den wichtigen Satz nicht vergißt: Wind von Steuerbord hat Wegerecht! Diese Regel gilt auch dann, wenn sich zwei Optis auf der Kreuz begegnen, wobei der eine mit Steuerbordwind und der andere mit Backbordwind segelt. Dann darf der mit Steuerbordwind weitersegeln, während der andere hintenrum muß.

Aber was passiert, wenn beide Optis mit Wind von Steuerbord aufeinander zusegeln? Das kann doch leicht eintreffen! Stell dir vor,

A und B haben den Wind von der gleichen Seite, doch A segelt höher am Wind. B muß ausweichen.

wir segeln von der Boje weg und haben Segel und Baum an Backbord, weil der Wind schräge von vorn von Steuerbord einfällt. Und jetzt kommt uns ein Opti vor dem Wind entgegen, und der hat auch den Wind von Steuerbord. (Bild 3). Was nun? Haben jetzt etwa beide Optis Vorfahrt?

Die Regel hierfür ist eigentlich ganz einfach: Wenn zwei sich begegnende Boote den Wind von der gleichen Seite haben, hat immer das Boot Vorfahrt, das am höchsten am Wind segelt. Logo - oder?

Wir haben also Wegerecht, denn wir segeln ja hoch am Wind.

Nun gibt es noch die Möglichkeit, daß zwei Optis ziemlich hoch am Wind aufeinander zusegeln, der eine aber wirklich kreuzt, während der andere gar nicht ganz hoch am Wind, sondern schon mit einem Schrick in der Schot, also mit etwas gefierter Schot segelt (Bild 4). Auch hierfür gilt die Regel:

Haben zwei Segelboote den Wind von derselben Seite, muß immer das luvwärtige Boot dem leewärtigen ausweichen.

Wenn du wirklich Höhe segelst, der andere aber immer mehr auf dich

A und B segeln mit halbem Wind aufeinander zu. A hat mit Wind von Steuerbord Wegerecht, B mit Wind von Backbord muß ausweichen.

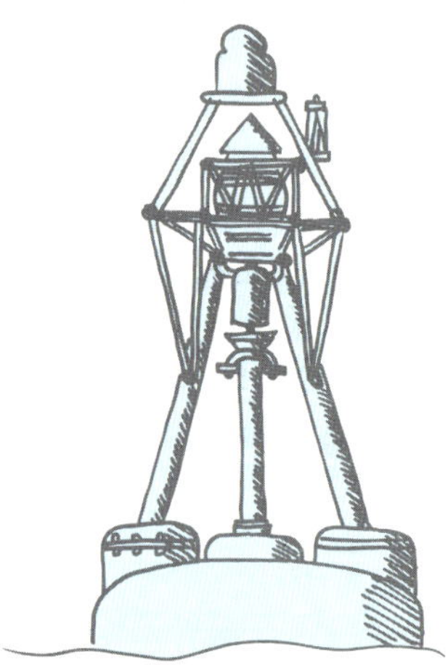

abfällt, also immer näher kommt und dich so doll behindert, daß du nicht mehr kreuzen oder nicht mehr so hoch am Wind segeln kannst, darfst du ihn anbrüllen: Raum!

Das ist überhaupt das beste Wort bei der ganzen Segelei: Immer, wenn du Wegerecht hast und dem anderen das auch deutlich sagen willst, kannst du laut "Raum" schreien. Du glaubst gar nicht, was das nachher beim Regattasegeln für einen Eindruck auf deinen Freund macht. Der zuckt richtig zusammen und läßt dich schleunigst vorbei.

Und wie ist es, wenn beide Optis mit halbem Wind aufeinander zusegeln, der eine mit Wind von Steuerbord, der andere mit Wind von Backbord (Bild 5)?

Auch da ist es jetzt ganz klar, wer ausweichen muß: der mit Wind von Backbord muß abfallen und in Lee hinter dem Opti mit Steuerbordwind vorbeisegeln.

Du siehst, so schwierig ist die Ausweicherei gar nicht, dank dieser Regel mit dem Steuerbordwind. Und deshalb darfst du sie nie vergessen.

Was wäre diese Segelstunde ohne das Lernen eines Seemannsknotens? Also, heute ist der Slipstek dran, und der ist auch ganz einfach. Es ist ein wichtiger Knoten, den man immer benutzen sollte, wenn man eine Leine, die irgendwo festgemacht oder belegt ist, schnell wieder loshaben will.
Wir üben den Slipstek am Paddelstiel.

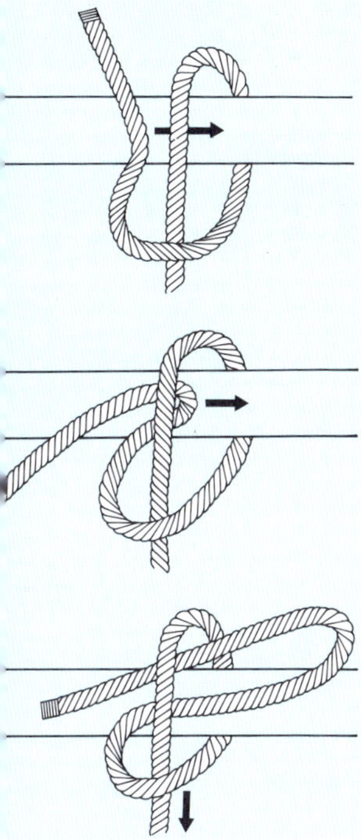

Die Leine wird einmal locker um den Stiel herumgelegt.

Dann machst du mit dem kurzen Ende eine Schlaufe und steckst sie durch den Rundtörn.

Jetzt wird der Rundtörn am langen Ende strammgezogen, so daß die Schlaufe festgeklemmt wird. Fertig.

Ziehst du am kurzen Ende, so löst sich der Knoten sofort.

Worte, die du behalten solltest

Wegerecht
Aufkreuzen
Wind von Steuerbord
Wind von Backbord
Steuerbordwind
Backbordwind
Schrick in der Schot
Höhe segeln
Raum
Slipstek

8 KENTERN

Beim Segeln hast du schon gemerkt, daß ein Opti gar nicht so kippelig ist. Das liegt an meinem flachen, breiten Boden, der wie eine Flunder im Wasser liegt. Du glaubst ja gar nicht, was du mit mir alles anstellen kannst, bevor ich überhaupt umkippe.

Bevor wir das einmal ausprobieren, mußt du noch nachsehen, ob meine Auftriebskörper in Ordnung sind. So nennt man die weiten Ausbuchtungen vorn und achtern, die mit festgewordenem Schaum oder Luft gefüllt sind, damit sie nicht voll Wasser laufen können und dich und mich auch dann noch tragen, wenn uns das Wasser bis zum Halse steht.

Nicht alle meine Brüder haben solche Auftriebskörper. Die aus Holz müssen sich mit Luftschläuchen begnügen, die man aufpusten kann, wenn sie nicht mehr prall gefüllt sind.

Natürlich mußt du selber auch noch einen "Auftriebskörper" - deine Schwimmweste -

tragen. Wie bitte? Wenn es so warm ist, daß man in der Badehose segeln kann, braucht man das nicht?

Da bist du aber schief gewickelt! Du weißt ja gar nicht, wie kalt das Wasser ist, und wie lange du schwimmen mußt. Wenn du an zu frieren fängst, geht dir schnell die Puste aus, und dann bist du froh, daß deine Schwimmweste dich trägt. Deshalb brauchen wir gar nicht lange drüber zu reden: Die Schwimmweste wird immer getragen, ganz egal, was für ein Wetter ist!

So, nun müssen wir noch kontrollieren, ob bei unseren Kenterver-

BRINGT SPASS

suchen nichts über Bord gehen kann. Ist der Mast gesichert, so daß er nicht herausrutschen kann? Wenn nicht, mußt du die kurze Leine, die auf der vorderen Querducht an der Öse festgemacht ist, um den Mast herum verknoten. Sind Paddel und Ösfaß festgebunden? Dafür hast du ja den Palstek und den Rundtörn mit zwei halben Schlägen gelernt.

Ist das Ruder achtern am Spiegel durch eine kleine Feder gesichert, damit es nicht aus den

1

3

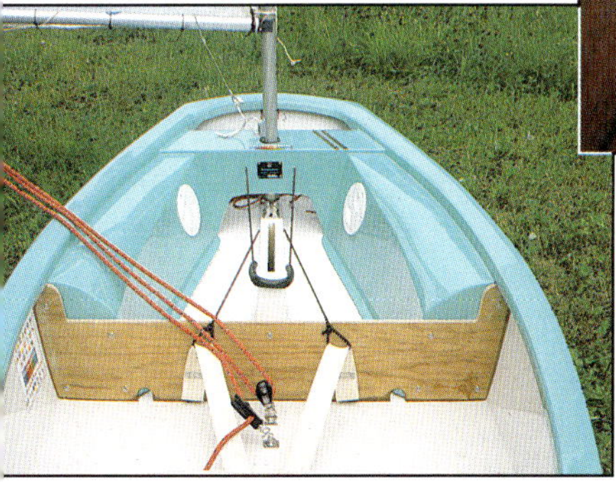

2

Die Luftsäcke (1) in den seitlichen Auftriebskörpern (2) lassen sich aufpusten. Eine Metallfeder sichert das Opti-Ruderblatt (3).

Wer hat Mut und stellt sich auf die Bordwand? Wenn du geschickt bist, kippt der Opti nicht um!

Beschlägen herausrutschen kann ?

Ist mein Schwert mit dem Gummizug gesichert, damit es nicht in den Schwertkasten zurückrutschen kann, wenn wir nachher gekentert sind?

Das ist besonders wichtig, sonst kannst du mich nämlich nicht wieder aufrichten.

Alles okay? Dann kann's ja losgehen. Hinein ins Wasser und frisch gewagt! Das Segel lassen wir im Wind killen.

Hast du Mut? Dann setz dich auf die Bordwand. So ist's gut. Und jetzt mal etwas weiter zurücklegen und kräftig hin- und herschaukeln.

Merkst du, daß es kaum gelingt, Wasser seitlich über die Bordwand zu schöpfen? Ich sagte dir doch, mein breiter Boden sorgt dafür, daß ich sehr sicher im Wasser liege.

Da kannst du ruhig noch etwas mutiger werden! Mal sehen, ob du dich seitlich auf die Bordwand stellen kannst.

Aber hallo - da mußt du schon etwas die Balance halten. Nimm die Schot ganz dicht und halte dich daran fest, dann kommst du nicht so leicht aus dem Gleichgewicht. Siehst du, so geht's. Jetzt stehst du wie ein Akrobat auf der Bordwand, etwas wakkelig zwar - aber ich kippe nicht um. Ich glaube, wir beide sind reif für den Zirkus.

Und weil das so gut geht, machen wir jetzt noch einen tollkühnen Versuch. Was meinst du, schaffst du es, vor dem

Mast herum von Backbord nach Steuerbord zu kommen?

Halt, bevor du es versuchst, verrate ich dir einen Trick: Du mußt das mit Schwung machen. Wenn du Angst hast und wartest, kippen wir beide um, denn vorn am Bug hat der Opti nur wenig Auftrieb.

Also, auf los geht's los. Bitte mit einer Hand an den Mast fassen, einen Fuß auf die Ducht und - herumschwingen!

Wie du siehst, kann man vor dem Wind sogar segeln, wenn man seitlich auf der Bordwand steht. Dabei steuerst du mit dem Pinnenausleger.

Siehst du, Geschwindigkeit ist keine Hexerei, es hat geklappt.

Jetzt gleich noch mal. Schneller - nicht so lahm - peng! Da liegen wir im Bach. Jetzt heißt es schwimmen. Aber halt! Doch nicht etwa zum Steg zurück.

Das ist der schlimmste Fehler, den du beim Segeln machen kannst. Schreib es dir ganz dick hinter die Ohren: niemals vom Boot wegschwimmen! Denn nur, wenn du dich am Boot festhälst, bis du sicher. Du merkst es ja: Ich gehe niemals unter. Die Entfernung zum Steg oder zum Ufer sieht meistens kürzer aus als sie ist, und mit der Schwimmweste kannst du auch kurze Strecken schlecht schwimmen. Strömung oder Wind treiben dich unter Umständen ab.

Jeder Segler weiß, daß er sich nach dem Kentern am Boot festhalten muß. Denn es driftet manchmal so schnell ab, daß du in deiner dicken Schwimmweste nicht hinterherkommst. Darum sammelt man auch niemals abgetriebene Sachen schwimmend wieder ein, die fischt später schon jemand auf.

Also, halte dich an mir fest, wo es gerade geht. Ich liege ja schön auf der Seite, so daß du ... Blupp, blupp, blupp ...! Hilfe, ich dreh mich immer weiter 'rum. Mein Mast ist voll Wasser gelaufen, er zeigt nach unten, ich bin durchgekentert!

Ach, das macht auch nichts. Jetzt kannst du dich auf meinen breiten Boden hinaufziehen, der wie ein Floß im Wasser schwimmt, und am hochstehenden Schwert gut festhalten.

Wenn der Opti durchgekentert ist (1), steigst du auf den Rumpf (2), hälst dich am Schwert fest und legst dich zurück (3).

Tu das mal! Stell dich hin und fasse mit beiden Händen oben an das Schwert. Und nun lehne dich langsam zurück. Siehst du, der Mast kommt allmählich wieder hoch. Wir drehen uns, und du rutschst ins Wasser.

Macht nichts, jetzt kannst du dich im Wasser auf das Schwert knien und mit beiden Händen die Bordwand anfassen. Wenn du nun etwas in den Knien wippst und dich dabei zurücklegst, dann komme ich ganz schnell wieder hoch.

Aber noch bist du nicht an Bord. Also, einsteigen, mein Steuermann. Achtung - platsch! Da lieg ich wieder im Bach. Und du hast das Segel auch noch auf den Kopf gekriegt.

So geht's also nicht. Wenn du seitlich einsteigen willst, kentern wir beide meistens wieder, weil ich so viel Wasser geschluckt habe.

Tja, da hilft alles nichts, du mußt nochmal aufs Schwert und das Schiff wieder aufrichten. Vielleicht versuchst du es jetzt mal über das Heck? Da ist der Spiegel schön breit, du kannst dich gut hochziehen und ich bekomme keine seitliche Krängung. Siehst du, so geht's!

Damit wir weitersegeln können, muß das Wasser noch ausgepützt werden. Der Seemann sagt fachmännisch lenzen dazu. Wenn ich lenz bin, hast du mich richtig trocken gelegt. Am schnellsten geht das mit einem Plastikeimer, den der Seemann Pütz nennt. Daher kommt auch das Wort pützen oder auspützen.

Du wirst sehen: Bei den Kenterversuchen bleibt alles heil. Aber es kann mal was kaputtgehen, wenn der Wind zu stark ist. Dann hast du eine Havarie, wie der Seemann sagt, und mußt vielleicht sogar abgeschleppt werden.

Ja, auch das Schleppen will gelernt sein. Später, beim Regattasegeln, werden wir oft auf den Haken genommen, wie die Regattasegler

Wenn der Opti auf der Seite liegt (4), kniest du dich aufs Schwert und hebelst ihn ganz herum (5). Jetzt über das Heck einsteigen.

Zum Herumhebeln kann man sich auch auf den Boden knien. Nach dem Aufrichten bleibt ziemlich viel Wasser im Boot.

Oft werden viele Optis hintereinander geschleppt. Da kommt es auf die richtig haltenden Knoten an!

aus Spaß sagen. Da schleppt uns dann der Regattaleiter zusammen mit den anderen Optis zurück, wenn das Ziel weit weg ist oder Flaute herrscht.

Also: Du brauchst auf jeden Fall eine Schleppleine. Aber wie und wo wird sie festgeknotet? Ganz einfach: mit einem Rundtörn und zwei halben Schlägen am Mast. Den Rundtörn kennst du ja schon, und der Mast ist zum Schleppen am besten geeignet, denn er steht sehr weit vorne und ist stabil genug.

Doch was passiert, wenn deine Schleppleine nicht lang genug ist? Dann mußt du sie mit einer anderen Leine zusammenknoten. Vielleicht ist es überhaupt klüger, die Schleppleine gleich an unsere Festmacherleine zu knoten.

Das kannst du mit einem Palstek und einem Schotstek oder mit zwei Palsteks machen - die kennst du ja beide schon.Es gibt hierfür aber noch einen anderen Knoten, den einfachen Kreuzknoten.

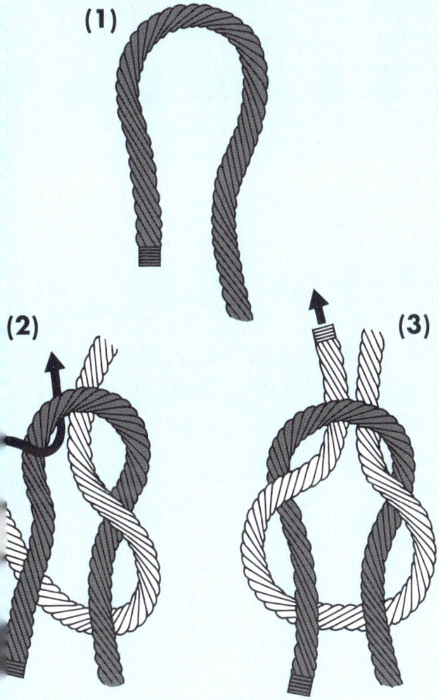

Worte, die du behalten solltest

8

Auftriebskörper
Beschläge
Auftrieb
durchgekentert
Driften
Auspützen
Lenzen
lenz
Pütz
Havarie
Auf den Haken nehmen
Flaute
Kreuzknoten

Zuerst legt du eine Schlinge (1).

Jetzt steckst du die andere Leine von unten durch die Schlinge, schlengelst sie unten um die beiden Enden der ersten Schlinge herum (2) und steckst sie von oben wieder in die Schlinge hinein.

Jetzt beide Enden strammziehen - fertig (3) !

Du mußt aufpassen, daß das kurze und lange Ende der ersten Leine auch auf einer Seite sind. Wenn das nicht so ist, hast du was falsch gemacht.

9 FIT FÜR DIE ERSTE REGATTA

Jetzt wirst du es sehen: die Mühe, das Optisegeln zu lernen, hat sich gelohnt. Denn nun wird es spannend. Erst auf einer Regatta kannst du den anderen zeigen, was du alles gelernt hast, und nun wollen wir versuchen, daß du schneller segeln kannst als deine Freunde.

Zuerst müssen wir uns ein bißchen ums Segel kümmern. Aus ihm kannst du nämlich mehr Geschwindigkeit herausholen, als du denkst. Man kann es trimmen, und darin steckt das ganze Geheimnis.

Aber vorher schau einmal nach, ob auch das richtige Klassenzeichen ins Segel genäht ist. Jede Segelbootklasse hat ein anderes Zeichen im Segel. Beim Opti ist es ein rundes O mit einem Strich daran. Darunter steht ein großes G und eine Nummer dahinter. Das ist die Segelnummer, die ein Opti bekommt, wenn Rumpf und Segel genau mit einem Maßband ausgemessen werden. Der Segler sagt dazu: Rumpf und Segel werden vermessen.

Der Mann, der das macht, wird vom Deutschen Segler-Verband geschickt. Alle nennen ihn den Vermesser. Du kannst dir denken, daß mancher beim Regattasegeln gern schummeln möchte: das Segel könnte man einfach ein bißchen größer und den Optirumpf ein bißchen schnittiger machen. Damit das nicht passiert, gibt es strenge Vorschriften für die Abmessungen und für die Segelfläche.

Mit der Segelnummer ist jeder Opti bei der Optimisten-Klassenvereinigung und beim Deutschen Segler-Verband eingetragen. Auf einer Regatta weiß man dann genau, wem der Opti gehört.

Das große G im Segel ist der erste Buchstabe von GERMANY, und das heißt, wie du sicher weißt, Deutschland. Man nennt diesen Buchstaben den Nationalitäts-Buchstaben, der für

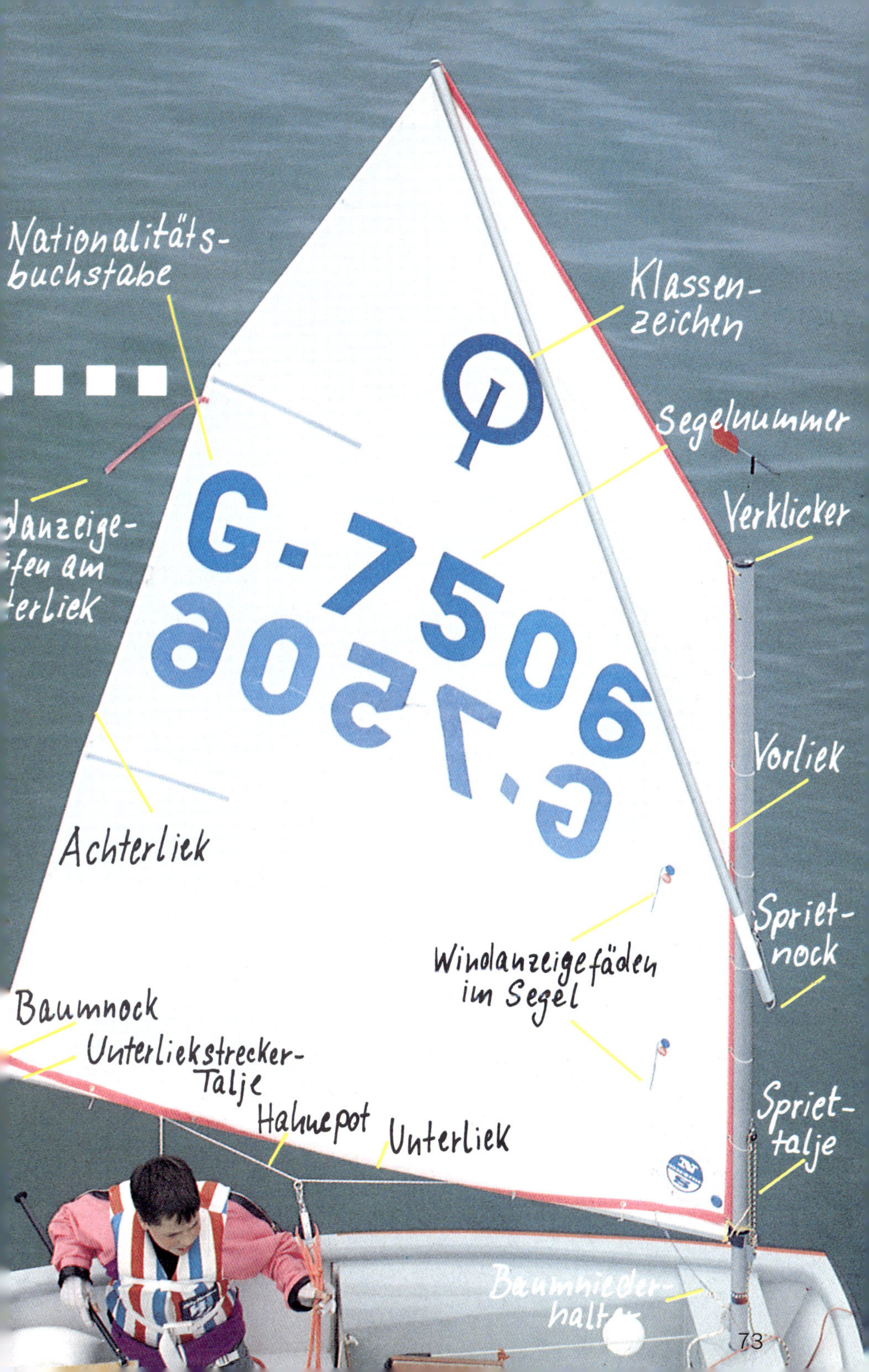
Nationalitäts-
buchstabe
Klassen-
zeichen
Segelnummer
Verklicker
G-7506
Achterliek
Vorliek
Spriet-
nock
Windanzeigefäden
im Segel
Baumnock
Unterliekstrecker-
Talje
Hahnepot
Unterliek
Spriet-
talje

jedes Land anders ist. Daran erkennst du auf einer internationalen Regatta sofort, woher die anderen Segler kommen.

Übrigens werden bei allen wichtigen Optiregatten die älteren und jüngeren Optisegler getrennt gewertet. Wenn du noch keine 13 Jahre alt bist, startest du in Gruppe B. Die 13- bis 15jährigen segeln in Gruppe A.

Allerdings kannst du, wenn die Regatta in einem Feld gestartet wird, beim Segeln nicht erkennen, wer zur Gruppe B oder A gehört, denn es gibt hierfür im Segel keine besonderen Zeichen.

Ein Optisegel kannst du durch vier Dinge verändern. Mit diesen vier Trimmeinrichtungen läßt es sich flach oder bauchig, faltig oder glatt machen.

Die erste und wichtigste Trimmeinrichtung ist die Spriettalje für die Spriet. Damit kannst du sie unterschiedlich stark nach oben drücken,

Die Spriettalje wird in die Sprietnock eingehängt und mit dem Griff gespannt.

wodurch das Segel auch wenig oder stark nach oben gespannt wird.

Der untere Zapfen der Spriet wird in die Schlaufe eines Drahtes eingehängt, der nach oben zu einer Rolle führt, die vor dem Mast befestigt ist. Von dieser Rolle führt der Draht mastabwärts und endet wieder in einer Rolle.

Durch diese zweite Rolle führt nun eine kurze Leine, die in einer Schlitzklemme festgesetzt werden kann. Wie das funktioniert, kannst du im nebenstehenden Bild gut erkennen. Wenn du mit dem kleinen Kunststoffgriff die Leine nach unten ziehst, drückt der an der Rolle befestigte Draht die Spriet nach oben.

Das Segel wird gespannt.

Wenn du die Leine aus der Schlitzklemme ziehst und locker läßt, kommt die Spriet wieder herunter.

Das Segel wird wenig gespannt.

Du hast im Kapitel "Einfach auftakeln und lossegeln" schon gelernt, daß du damit die Falten aus dem Segel ziehen kannst. Aber jetzt brauchst du auch die un-

Wenn du die Spriet-talje lockerst, wird das Segel weniger gespannt und bekommt einen Bauch.

Wenn du die Spriet-talje anziehst, wird das Segel stark gespannt und bekommt eine solche Falte.

terschiedliche Sprietspannung, um das Segel flach oder bauchig zu machen.

Dazu gehört auch die zweitwichtigste Trimmeinrichtung, die Unterliekstrecker-Talje. Hinter dem langen Wort verbirgt sich ganz einfach eine Leine, mit der du das Segel am Baum nach hinten strammziehen oder locker lassen kannst.

Die Leine läuft von einem Beschlag an der Baumnock (das ist das hinterste Ende des Baumes) durch eine Kausch (Öse) im Schothorn des Segels wieder zur Baumnock zurück. Durch den Baumnock-Beschlag wird sie hindurchgefädelt und nach vorn am Baum geführt, wo wieder eine Schlitz klemme sitzt (das Bild auf der übernächsten Seite zeigt es).

Mit dieser Schlitzklemme, die du auch gut beim Segeln erreichenkannst, läßt sich also die Unterliekstrecker-Talje einstellen.

Hier hat der Optisegler die Spriettalje zu stark durchgesetzt. Ergebnis: Eine bremsende Segelfalte.

Dieses Segel zeigt am Wind keine Falte. So zieht es auf einem Kreuzkurs am besten und bringt gute Fahrt.

Der Baumniederhalter wird am Mast mit Hilfe einer Schlitzklemme gespannt oder auch wieder gelockert.

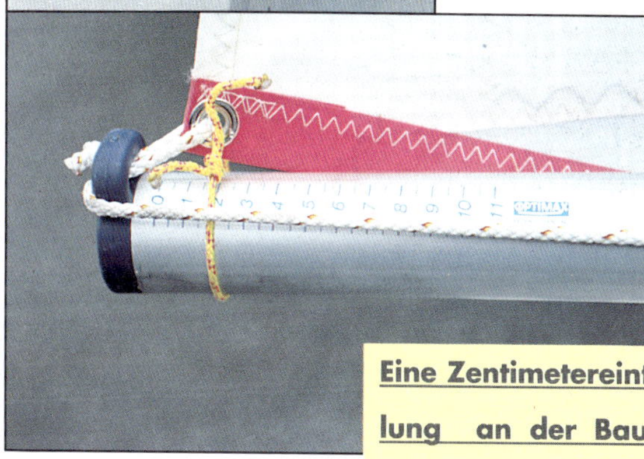

Eine Zentimetereinteilung an der Baumnock hilft dir, die Unterliekstrecker - Talje richtig einzustellen.

Damit du eine Kontrolle hast, welche Unterliekspannung zum gerade herrschenden Wind am besten ist, wird achtern seitlich auf dem Baum ein Streifen mit Zentimeterangaben geklebt. Mit der Zeit wirst du herausbekommen, über welcher Zentimeterangabe die Ecke vom Segel (das Schothorn) - je nach Windstärke und Kurs - genau stehen muß, damit das Segel am besten zieht.

Damit kennst du schon die beiden wichtigsten Taljen, mit denen du die Form eines Segels verändern kannst. Nicht so wichtig für die Form des Segels ist der Baumniederhalter als dritte Trimmeinrichtung. Seine eigentliche Funktion hast du im Kapitel "Eine Halse ist kein Kinderspiel" gelernt. Mit dem Baumniederhalter verhinderst du, daß der Baum nach oben steigt, wenn der Wind von der Seite oder von hinten kommt.

Aber du kannst dir auch vorstellen, daß das Segel flacher wird, wenn du den Baumniederhalter ganz doll strammziehst, und daß es nach oben steigt und bauchiger wird, wenn du ihn lockerst. Also kannst du die Form des Segels doch etwas mit dem Baumniederhalter beeinflussen, vor allem auf Kursen mit raumem und achterlichem Wind. Er besteht aus einem Draht, der schräge vom Baum her nach unten zum Mast führt. Eben über der vorderen Querdurcht endet der Draht in einer Kausch. In die ist eine Leine eingeknotet, die durch eine Schlitzklemme geführt und festgesetzt wird.

Wenn du jetzt am Tampen der Leine ziehst und sie in die Klemme einhakst, wird der Baum stark nach unten gezogen und festgehalten.

Und viertens schließlich kann auch die Segelschot die Form eines Segels beeinflussen - oder besser gesagt, der Hahnepot, mit dem die Schot am Baum befestigt wird.

Mit einem Karabiner läßt sich die Schot nach dem Kentern leicht aus dem Ring in dem Hahnepot aushaken.

Der lustige Name Hahnepot kommt aus Holland und heißt übersetzt Hahnenfuß. Tatsächlich zeigt diese Hahnepot-Leine wirklich wie die gespreizten Zehen eines Hahnenfußes zum Baum.

Früher band man den oberen Schotblock einfach am Baum fest. Da machte der Baum dann einen Knick, und das Segel wurde an der Stelle am stärksten nach unten gezogen, was zu ungewünschten Falten führte.

Aber als Regattasegler kannst du dir das natürlich nicht leisten. Das Segel muß im Unterliek eine schöne, gleichmäßige Kurve haben und überall gleich belastet sein. Daher verteilt man bei einem Regattasegel die Schotkraft über den Hahnepot auf zwei Punkte am Baum, die allerdings fixiert sind. Du kannst also den Hahnepot nicht während des Segelns verändern.
Bei dieser Gelegenheit gleich noch ein Vorschlag, der aber nichts mit dem Segeltrimm zu tun hat: Bitte, knote in der Mitte des Hahnepot einen Ring aus nichtrostendem Stahl ein und schäkle an dem oberen Schotblock einen Karabinerhaken fest. Damit kann der Block leicht in den Ring eingehängt werden. So kannst du oder dein Segellehrer die Schot ganz einfach abhaken, wenn du mal gekentert bist.

Es ist nämlich eine große Hilfe, wenn sich das Segel beim Aufrichten nicht gleich wieder mit Wind füllt, wodurch du erneut kenterst.

Wie du das Segel nun richtig trimmst, damit du schneller als die anderen segelst, wirst du gleich lesen, wenn es um die einzelnen Regattakurse geht.

Vorher verrate ich dir noch andere Trimmöglichkeiten, die einen Opti auch schneller machen.

Die Halterung für den Mast kann man mit Hilfe der Rändelschraube nach vorn oder hinten schieben.

Da wäre zunächst die Maststellung. Darunter versteht man, wie weit der Mast nach vorn oder hinten geneigt ist. Bei den meisten Optis steht er nicht ganz gerade (du kannst es leicht kontrollieren, wenn der Opti auf dem Steg oder Rasen liegt), sondern er ist ein kleines bißchen schräge gestellt.

Diese Schräglage kannst du mit dem Mastschuh regulieren. Der Mast steht nämlich in einer Art Schlitten, der im Mastschuh mit Hilfe einer Gewindestange und einer sogenannten Rändelschraube nach vorn oder achtern geschoben werden kann.

Wer so weit achtern sitzt, vertrimmt den Opti gründlich. Das Heck taucht tief ein und bremst stark.

Auch der Mastfall wird nicht während der Regatta verändert. Dafür probierst du bei Mittelwind aus, bei welcher Maststellung das Ruder auf Kursen am Wind, also beim Kreuzen, den wenigsten Ruderdruck hat. Je weniger Ruderdruck du nämlich verspürst, desto geringer sind die bremsenden Strudel am Ruderblatt.

Je weiter der Mast nach vorn zeigt, desto geringer wird der Ruderdruck, und je schräger er nach achtern geneigt ist, desto mehr Kraft mußt du an der Pinne aufwenden.

Nur sind die Unterschiede so fein, daß nur der wirkliche Regattaprofi sie erspüren kann. Es gibt aber eine Möglichkeit, den sogenannten

Mastfall, also die Schrägstellung des Mastes, in einer Position zu fixieren, die sich bei den meisten Optis als am günstigsten herausgestellt hat. Wenn du ein Zentimetermaß von der Achterkante des Masttopps bis zum achteren Rand der Spiegeloberkante spannst, sollte hier der Abstand 2,86 m bis 2,88 m betragen.

Das Schwert wird je nach Kurs und Windstärke unterschiedlich hochgeholt. Ein Gummizug hält es fest.

Bei den am meisten gesegelten Regatta-Optis sind es 2,88 m bis 2,89 m bis zum Unterrand der achteren Spiegelkante.

Aber jetzt glaube bloß nicht, daß du nur aufgrund deines "Geheimtip-Mastfalles" schneller als die anderen bist. So wichtig ist die Maststellung nicht, denn ein Opti wird viel eher luv- oder leegierig, wenn du dich mehr nach vorne oder nach achtern setzt. Die Gewichts-Trimmveränderungen sind entscheidend! Darüber werde ich dir gleich noch etwas mehr erzählen.

Ob du schneller bist als die anderen, hängt auch davon ab, wie du das Schwert einstellst. Du kannst es nämlich während der Regatta unterschiedlich weit aus dem Schwertkasten herausziehen. Je weniger es ins Wasser taucht, desto weniger bremst es.

Damit es nicht wieder zurückrutscht, klemmst du es mit einem Gummizug fest, der nach vorn zur Querducht hin gespannt ist.

Beim Kreuzen muß natürlich das ganze Schwert im Wasser sein, sonst würde ein Opti zuviel Abdrift haben, also zur Seite wegtreiben. Wenn der Wind aber raumer kommt, kannst du das Schwert schon etwas anholen, und wenn du vor dem Wind segelst, braucht es - je nach Windstärke - fast überhaupt nicht mehr oder nur noch einige Zentimeter ins Wassr zu tauchen.

Die Schwertstellungen werden wir uns noch ganz genau bei den einzelnen Regattakursen ansehen.

Du hast es schon gehört: Am meisten beeinflußt du selbst die Geschwindigkeit, indem du dich nach vorn oder achtern setzt, oder dich bei viel Wind über die

Bordwand nach Luv hinaushängst, damit der Opti weniger krängt.

Richtig raushängen kannst du dich aber nur, wenn deine Füße irgendwo Halt finden. Dafür sind die beiden Fußgurte da, die über dem Bootsboden gespannt sind. Damit du mit den Füßen leicht darunter haken kannst, werden sie durch einen Gummizug, der um denSchwertkasten gespannt ist, etwas hochgehalten.

Wenn du dich so gesichert über die Bordwand hinaushängst, kannst du zwar die Schot noch fieren oder dichtholen, aber die Pinne nicht mehr erreichen. Daher muß sie mit einem Pinnenausleger ausgerüstet sein. Das ist eine Rohrverlängerung, die am Ende der Pinne mit einem drehbaren Beschlag aufgeschraubt ist. Du kannst den Pinnenausleger abklappen und in alle Richtungen bewegen.

So, fast wäre damit die Regatta-Ausrüstung schon komplett. Als letztes i-Tüpfelchen rüstest du das Segel noch mit roten oder schwarzen Windanzeigefäden aus. Die bekommst du beim Segelmacher zum Einkleben in das Segel, oder du ziehst dir dünne Wollfäden mit einer Stopfnadel einfach durch das Segeltuch und schneidest sie so ab, daß sie an beiden Seiten etwa zehn Zentimeter herunterhängen.

Die Fäden müssen etwa 20 Zentimeter vom Mast entfernt sein. Ein Paar kommt etwa dort hin, wo sich die Umlenkrolle für die Spriettalje befindet, das andere Fädenpaar sitzt etwas tiefer, und zwar in der zweiten Segeltuchbahn, wenn man von unten rechnet.

Was du mit diesen Fäden machen sollst? Beim Regattasegeln beobachten! Wenn beide Fäden auf Am-Wind- und Raumkursen schön gleichmäßig parallel nach hinten wehen und dicht am Segel anliegen, ist es optimal zum Wind eingestellt.

Knickt der Faden in Lee des Segels ab und fällt herunter, bist du zu weit abgefallen, oder du hast das Segel zu dicht geholt. Fällt der Luvfaden herunter, segelst du zu viel Höhe, oder das Segel ist zu weit gefiert.

Das ist ein bißchen schwer zu verstehen. Beim Segeln wirst du schnell lernen, was dir

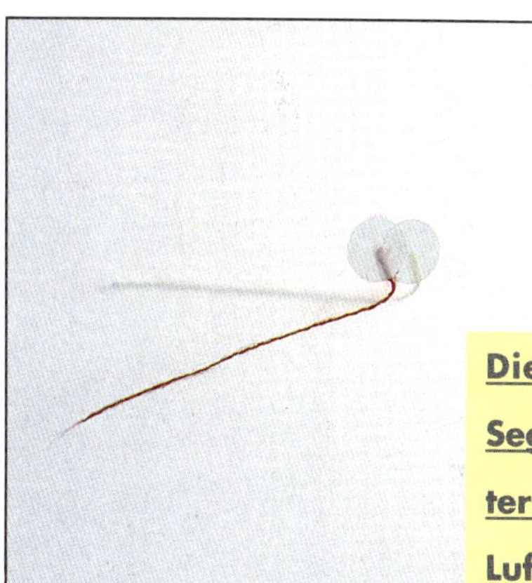

Diese Windfäden im Segel zeigen nach achtern. Das bedeutet: die Luftströmung reißt am Segel nicht ab, es steht richtig und zieht gut.

die Fäden verraten.

Das wichtigste "Anzeigegerät" für den Wind ist und bleibt natürlich der Verklicker auf dem Masttopp. Achte darauf, daß der sich sehr leicht drehen läßt, so daß er dir den leisesten Windhauch anzeigt.

Bevor du zum ersten Regattastart lossegelst, kannst du dir schnell noch eine praktische Protestflagge basteln. Sie ist rot, und du zeigst sie während der Regatta, wenn du gegen einen anderen Optisegler protestieren willst, der deiner Meinung nach ein falsches Manöver gefahren oder dich "verkehrswidrig" behindert hat.

Die Protestflagge aus der Filmdose läßt sich leicht selber basteln und griffbereit am Baum aufhängen.

Besorge dir ein Stück rechteckiges, dünnes rotes Tuch, dazu eine leere, kleine Filmdose mit Deckel aus Vaters Fotoausrüstung, und zwei kurze, dünne Kunststoffleinen.

Den Boden und den Deckel der Filmdose durchbohrst du. Jetzt steckst du die eine Leine durch den Dosenboden. Ein Knoten verhindert, daß sie wieder rausrutschen kann. An dem Ende, das aus der Dose heraushängt, knotest du einen Zipfel der Protestflagge fest.

Am anderen Zipfel knotest du die zweite Leine an, steckst sie durch den Dosendeckel und machst wieder einen Knoten davor, so daß der Deckel festsitzt.

Jetzt kannst du die Flagge in die Dose stopfen und den Deckel aufdrükken. Über Kopf, also mit dem Deckel nach unten, bindest du nun die "Protestdose" vor dem Hahnepot am Baum fest, so daß sie einige Zentimeter herunterhängt.

Was meinst du, was die anderen Optisegler für Augen machen, wenn du

Regattaprofis segeln mit einem Kompaß auf dem Schwertkasten, um Winddreher erkennen zu können.

den Deckel abziehst und die Protestflagge sich wie von Geisterhand entfaltet!

Doch sei nicht zu voreilig mit dem Protestieren. Dazu mußt du selbst erstmal ein sehr guter Regattasegler sein und die Regattaregeln genau kennen.
Außerdem: Faire Segler protestieren fast nie!

Worte, die du behalten solltest

Klassenzeichen
vermessen
Deutscher Segler-Verband
Vermesser
Optimisten-Klassenvereinigung
Nationalitäts-Buchstabe
Spriettalje
Schlitzklemme
Unterliekstrecker-Talje
Baumnock
Schothorn
Kausch
Hahnepot
Rändelschraube
Mastfall
Pinnenausleger
Windanzeigefäden

9

10 DER START IST ENTSCHE

DEND

et's fetz", laßt uns sfetzen, hat sich ese Opti-Seglerin rgenommen - die chtige Einstellung r den Start.

So, nun sollst du deine erste Regatta segeln. Gestartet wird immer genau in die Richtung, woher der Wind weht. Die Regatta beginnt also mit einer Kreuz. Zum Start braucht man eine Startlinie. Meistens ist die Startlinie (die man leider nicht als Linie auf dem Wasser sehen kann) zwischen dem Mast auf einem Startschiff und einer etwas entfert verankerten Boje ausgelegt.

Damit jeder Segler weiß, wann's losgeht, wird vom Startschiff aus in die Luft geballert. Zum ersten Mal knallt es genau zehn Minuten vor dem Start (Zeitsignal), zum zweiten Mal fünf Minuten vor dem Start (Vorbereitungssignal). Gleichzeitig wird eine blaue Flagge mit einem weißen Rechteck darin hochgezogen. Man nennt sie den Blauen Peter.

Zum dritten Mal knallt's dann zum Start (Startsignal), und die Flagge wird heruntergeholt.

Es ist klar, daß beim Start jeder zuerst über die Startlinie segeln will. Daher gibt's hier immer ein großes Gedränge. Am besten ist es, wenn du kurz vor dem Startschuß mit Wind von Steuerbord an der Linie entlangsegelst, denn auch jetzt gilt die Regel: Steuerbordwind hat Vorfahrt.

Aber aufgepaßt, daß du nicht zu früh, also vor dem Startschuß, über die Linie segelst. Dann wirst du nämlich zurückgerufen und mußt nochmal starten.

Das geschieht mit einer weißen Flagge, die ein blaues Kreuz trägt (Flagge X), und mit einem langen Tuut aus dem Nebelhorn oder einem Schuß aus der Startpistole.

Wenn alle Optisegler oder eine sehr große Gruppe zu früh über die Linie gesegelt sind, werden auch alle Regattateilnehmer zurückgerufen. Dann wird ein spitzer blauer Wimpel mit einem gelben Dreieck darin gesetzt (Erster Hilfsstander) und zweimal geschossen oder getutet.

Nun kann es passieren, daß die Startlinie ein bißchen schräge zur Windrichtung ausgelegt worden ist, so daß entweder die Starttonne oder das Startschiff schon etwas näher an der Bahnmarke liegt, zu der du hinsegeln sollst.

Diese Seite nennt man die bevorzugte Seite, und alle Optisegler, die das herausgefunden haben, wollen auch an der bevorzugten Ecke starten. Da gibt es dann stets das totale Chaos. Hier mußt du aufpassen, denn reindrängeln an einer Startmarke ist nicht erlaubt.Es kann Protest geben! Derjenige, der sich reindrängelt, hat kein Wegerecht und muß allen anderen ausweichen.

Schief ausgelegte Startlinie: Auf der linken Seite bist du näher zur Luvtonne.

Wie kannst du nun herausfinden, welche Seite der Startlinie eventuell bevorzugt ist? Das geht sehr einfach: Du segelst rechtzeitig vor dem Start die Linie entlang, bis du etwa die Mitte erreicht hast. Hier machst du einen Aufschießer im Wind, bis das Segel in der Mitte flattert. Zeigt jetzt der Bug ein wenig in Richtung Backbord-Starttonne, die man auch Leetonne nennt, so ist die Leetonne bevorzugt.

Es lohnt sich also, die ganze Startlinie hinunterzufahren und in Lee zu starten, auch wenn das gefährlich ist.

Bist du nämlich zu früh,

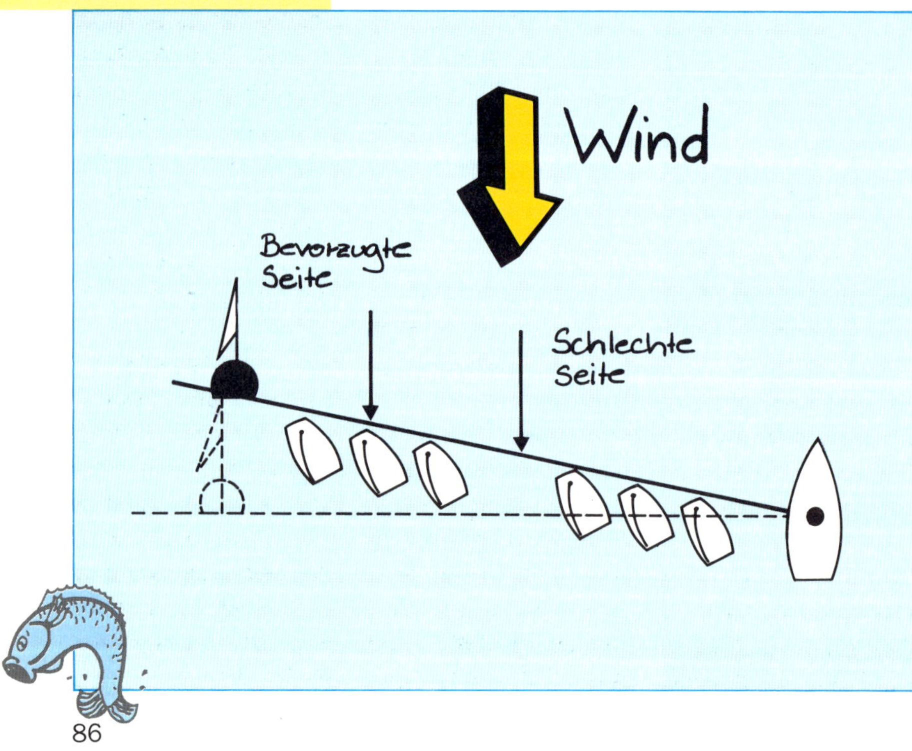

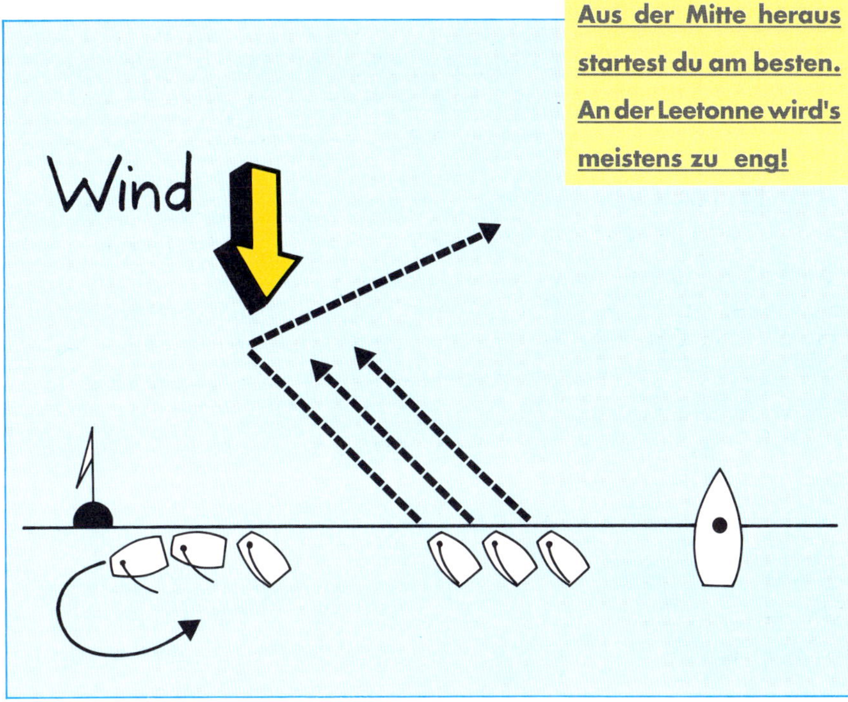

Aus der Mitte heraus startest du am besten. An der Leetonne wird's meistens zu eng!

also noch vor dem Startschuß an der Leetonne angelangt, mußt du eine Halse fahren und hinter all den anderen zurücksegeln. Da wird das Segel dann von den anderen Optis abgedeckt, und du kriegst keine richtige Fahrt mehr drauf.

Tja, eine genau gehende Armbanduhr mit großem Sekundenzeiger mußt du schon haben.

Zeigt aber der Bug bei der Windrichtungsprobe etwas zur Luvtonne (oder zum Startschiff, das meistens gleichzeitig die Steuerbordbegrenzung der Startlinie ist), dann ist die Startlinie auch in Luv bevorzugt. Es ist also besser, wenn du dort startest. Beim Startschuß kannst du mit Steuerbordwind gleich gute Höhe laufen, und alle anderen müssen dir ausweichen.

Doch das ist schon ein wenig höhere Regattakunst. Zum Anfang ist es bestimmt am besten, wenn du versuchst, möglichst aus der Mitte heraus zu starten. Du solltest also versuchen, etwa eine halbe Minute vor dem Startschuß dort zu sein. Dann kannst du dir ruhig Zeit lassen und das Segel auffieren. Keine Angst, die anderen müssen dir ausweichen und dürfen nicht etwa von hinten in deinen Spiegel segeln!

Ein Opti ist ja ein Leichtgewicht und kommt schnell in Fahrt. Wenn du das Segel rechtzeitig vor dem Startschuß dicht nimmst, sprintest du gleich los und läßt alle anderen hinter dir, weil dich niemand abdecken kann.

Denn darauf mußt du achten: Unmittelbar vor dem Start darf sich kein anderer Opti in Luv vor dir befinden. Der deckt sonst dein Segel total ab und raubt dir den Wind und alle Fahrt.

Es gibt vier goldene Startregeln, an die du immer denken mußt:

- Bemühe dich um freien Wind.

- Achte auf Bootsgeschwindigkeit direkt vor dem Startschuß.

- Denke voraus.

- Erhalte dir deine Manövrierfähigkeit.

Nun kommt es bei größeren Regatten vor, daß sehr viele Optis am Start sind und jeder beim Startschuß so dicht wie möglich an der Startlinie sein will. Klar, daß da die meisten schon vorher drüber sind. Das guckt sich die Wettfahrtleitung nur einen oder zwei Fehlstarts lang an, dann verhängen sie die Einminutenregel.

Sie wird durch die Flagge J (gelb mit schwar-

Regatta-Signalflaggen, die wichtig für dich sind

" Blauer Peter "
fünf Minuten bis zum Start

Flagge X
Einzelrückruf

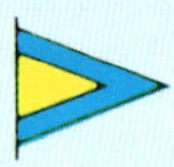

Erster Hilfsstander
Gesamtrückruf

Flagge J
Einminutenregel

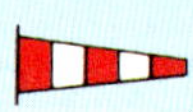

Wimpel AP
Startverschiebung

Flagge Y
Schwimmwesten anlegen

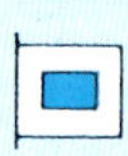

Flagge S
Abkürzung des Regattakurses

Flagge R
Bahnänderung

Blaue Flagge
Ziel

Reindrängeln an der Luvtonne ist verboten! Der Opti 7983 kann Raum verlangen und hat Vorfahrt.

Zum Start mußt du an der Startlinie sein, denn hinten gibt's keinen Wind.

zem Punkt) angezeigt, die fünf Minuten vor dem Start zusammen mit dem Blauen Peter hochgezogen wird.

Eine Minute vor dem Start holt der Wettfahrtleiter die Flagge wieder runter. Und jetzt wird's ernst: Von diesem Moment an darf kein Opti mehr die Startlinie bis zum Startschuß nach Luv überqueren oder in Luv der Startlinie segeln. Jeder, der das tut, hat die Einminutenregel verletzt und wird empfindlich bestraft.

Er muß nun nämlich sofort (und möglichst noch vor dem Startschuß) in Luv der Startlinie zur Startmarke oder zum Startschiff segeln, außen herumfahren und von hinten wieder die Startlinie erreichen. Das kostet viel Zeit, und meistens ist die Regatta dann für den Frühstarter gelaufen.

Fünf Minuten vor dem Start: Der Blaue Peter weht, noch dazu die Schwimmwestenflagge (Y) und Flagge J für die Einminutenregel. Grün bedeutet rechts herum.

Angezeigt wird die Verletzung der Einminutenregel wieder nach dem Startschuß durch Hochziehen der Frühstartflagge X (weiß mit blauem Kreuz). Achte darauf!

Die Startlinie wird hier zwischen der grünen Flagge vor dem Startschiff und der roten Flagge gebildet. Am Mast ist die Schwimmwesten-Flagge oben.

Aber: Du mußt selber merken, ob du drüber warst. Denn wenn du nicht zurücksegelst, und der Wettfahrtleiter hat dich in der letzten Minute in Luv der Startlinie gesehen, wirst du disqualifiziert, wenn du weiter segelst.

Das ist doppelt ärgerlich: erstmal segelst du die ganze Regatta nichts ahnend zu Ende, und nach dem Zieldurchgang erfährst du dann, daß alles umsonst war.

Vor dem Start setzt du dich am besten in Luv auf den Bootsboden, trimmst also nicht auf der Bordwand. Dort hast du die beste Übersicht, kannst schnell reagieren und die Startlinie gut entlangpeilen.

Gleich nach dem Start geht's dann aber rauf auf die "hohe Kante", wenn es entsprechend stärker weht.

Das ist alles so aufregend? Dann steck dir vor dem Start einen Kaugummi in den Mund. Das entspannt immer!

Eine große Regatta wird nach dem "Olympischen Dreieck" gesegelt. Start und Ziel sind immer gegen den Wind ausgerichtet.

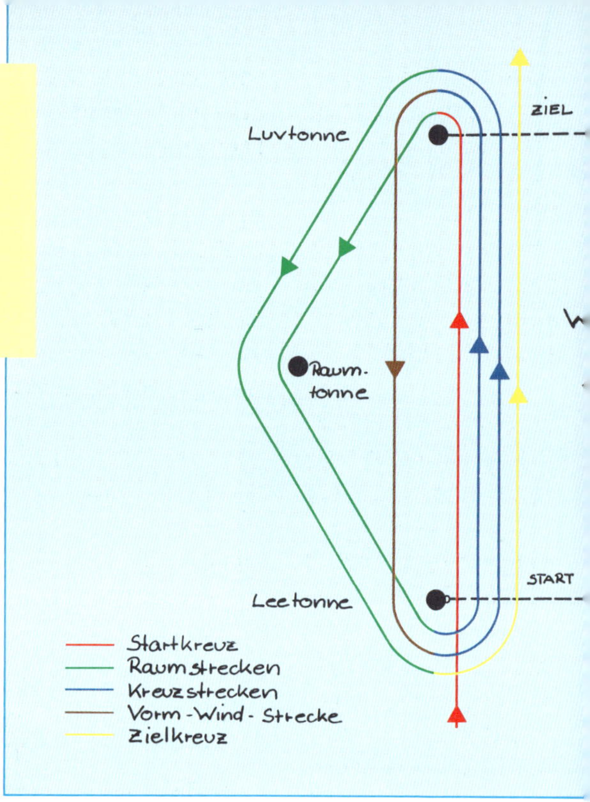

Vor dem Start und zwischen den Wettfahrten ist es wichtig, daß du dich entspannst. Dann gibt's keine "Gefahr"!

Die erste Bahnmarke, die du runden mußt, liegt immer genau in Luv von der Startlinie. Du kannst sie also nur mit Kreuzen erreichen. Wie weißt du aber, ob es links oder rechts um die Bahnmarke herum geht?

Ganz einfach: Wenn auf dem Startschiff eine rote Flagge oder Tafel gezeigt wird, heißt das: alle Bahnmarken müssen an Backbord bleiben, du mußt also links herum segeln. Hängt eine grüne Flagge oder Tafel, heißt daß: alle Bahnmarken müssen an Steuerbord bleiben, du mußt rechts herum segeln.

Die Bahnmarken sind bei einer richtigen Regatta so ausgelegt, daß sie ein Dreieck ergeben. Nach dem Start geht es also zuerst mit einer Kreuz zur Luvtonne, dann mit raumem oder halbem Wind zur Raumtonne und, nach einer Halse, wieder mit raumem oder halbem Wind zur Leetonne, die etwa dort ausliegt, wo die Startlinie war.

Jetzt kommt wieder die Kreuz zur Luvtonne, aber danach geht's vor dem Wind zurück zur Leetonne.

Besonders aufpassen mußt du auf der nun folgenden Zielkreuz, denn hier entscheidet es sich meistens, wer vorn liegt. Bei der Luvtonne ist also die Ziellinie, die durch das Zielschiff und eine Zielmarke gekennzeichnet wird.

So einen Regattakurs nennt man ein Olympisches Dreieck. Es gibt aber noch andere Dreieckskurse.

Worte, die du behalten solltest

Startlinie
Startschiff
Zeitsignal
Vorbereitungssignal
Blauer Peter
Startsignal
Flagge X
Nebelhorn
Startpistole
Erster Hilfsstander
bevorzugte Seite
Leetonne
Luvtonne
Startschuß
Fehlstart
Einminutenregel
Flagge J
Startmarke
hohe Kante
Bahnmarke
Raumtonne
Zielkreuz
Ziellinie
Zielschiff
Zielmarke
Olympisches Dreieck

10

11 BEIM KREUZEN ZEIGT SICH DER MEISTER

Wenn du beim Start gut weggekommen bist, mußt du versuchen, auf der Kreuzstrecke zur ersten Bahnmarke noch mehr Vorsprung herauszusegeln. Denn meistens entscheidet sich schon auf dieser ersten Kreuz, wer vorn liegt, oder wer achteraus sackt.

Einen guten Vorsprung kann dir auf den folgenden Raumwind- und Vorm-Wind-Kursen kaum noch jemand abjagen.

Daher ist es besonders wichtig, daß das Segel optimal für die gerade herrschende Windstärke eingestellt ist und du auch richtig trimmst, so daß du schneller bist als die anderen. Natürlich machst du den Segeltrimm am besten vor dem Start.

Wenig Wind

Wenn nur ein Lüftchen mit ein bis zwei Windstärken weht, muß das Segel möglichst bauchig stehen, da es dann auch den leisesten Lufthauch einfängt und gut zieht. Die Spriet fierst du mit der Spriettalje so weit ab, daß gerade eben keine Falten im Segel zu sehen sind. Auch den Unterliekstrecker läßt du sehr locker, so daß die Segelecke (das Schothorn) fünf bis sechs Zentimeter auf der Klebestreifen-Einteilung von der Baumnock entfernt ist. Das Segel kann im Unterliek ruhig einen “Gardinenbausch” haben, also dort, wo die Reihleine durch die Kauschen läuft, etwas aufplustern. Auch der Baumniederhalter wird nicht ganz stramm angezogen, so daß der Baum sich etwas heben und das Segel damit “atmen” kann.

Wenn du jetzt auf der Kreuzstrecke bist, solltest du das Segel nur so weit dichtholen, bis die Baumnock über der Spiegelecke in Lee steht. Das kannst du beim Segeln gut kontrollieren. Eventuell kannst du den Baum zwei bis fünf Zentimeter weiter nach innen holen, wenn kleine Böen kommen. Natürlich ist das Schwert ganz unten.

Der Rumpf sollte möglichst flach auf dem Wasser liegen. Krängung ist also nicht gut. Der Bugspiegel darf auch nicht ins Wasser tauchen, damit die kleinen Wellen ohne zu bremsen unter den Bug laufen können.

Am besten ist es, du kniest dich in Luv dicht hinter dem Mittelschott auf den Boden, beugst den Oberkörper etwas nach vorn und stützt dich mit einem Arm auf dem vorderen Luv-Seitentank ab. Mit der freien Hand führst du den Pinnenausleger.

Mittelwind

Bei etwa drei bis vier Windstärken holst du die Spriettalje wieder so weit an, daß keine Falte im Segel steht, wenn du es beim Segeln am Wind dichtholst. Auch die Unterliekstrecker-Talje wird dichtgenommen, bis das Schothorn auf der 3 oder 4 steht.

Wenig Wind: Trimmen im Boot und etwas nach vorn gebeugt.

Mittelwind: Trimmen auf der Bordwand, Füße unter dem Gurt.

Jetzt ist viel Bauch im Segel nicht mehr gut, denn der bringt Druck und Krängung, so daß du mehr austrimmen mußt.

Der "Gardinenbausch" muß verschwinden. Der Baumniederhalter wird stramm gezogen.

Das Schwert ist ganz unten.

Trotz des stärkeren Windes solltest du das Segel nicht dichter holen. Die Baumnock muß weiterhin über der Spiegelecke stehen.

Der Rumpf muß flach auf dem Wasser liegen. Das bedeutet: austrimmen! Also rauf auf die Bordwand. Du sitzt jetzt eben hinter dem Mittelschott, beide Füße stehen dicht am Schott.

Du solltest gerade sitzen, so daß du Böen leicht austrimmen kannst, indem du deinen Oberkörper ewas nach außen lehnst.

<u>Starkwind</u>

Ab 4 bis 5 Windstärken wird's spannend. Jetzt wirken sich Segel- und Bootstrimm besonders aus. Das Segel muß so flach wie möglich sein. Je flacher, desto besser kannst du den Opti austrimmen.

Also: Spriettalje stark durchsetzen, so daß die Diagonalfalten nicht mehr zu sehen sind, wenn das Segel am Wind dichtgeholt wird. Ziehe das Schothorn bis auf die Zentimeterangabe 1 nach achtern und setze den Baumniederhalter optimal durch.

Das Schwert bleibt ganz unten.

<u>Und so sieht ein "Gardinen-bausch" im Segel aus der Nähe aus: Das Unterliek ist gelockert und aufgeplustert.</u>

Die Baumnock steht weiterhin über der Spiegelecke. Bei starken Böen solltest du den Baum auch einige Zentimeter weiter fieren.

Du hängst jetzt weit draußen auf dem Bordwandsüll und pendelst mit dem Oberkörper die Böen aus. Beide Füße stecken unter dem Fußgurt (man nennt ihn auch Ausreit- oder Hängegurt). Es gibt für dich nur eins: den Opti so gerade wie möglich zu halten! Nur wenn der Rumpf flach auf dem Wasser liegt, machst du optimale Fahrt.

Und rutsche nicht zu weit nach vorn! Die Wellen müssen Platz unter dem Bugspiegel haben. Sonst knallen sie dagegen und bremsen ganz jämmerlich.

Nun kann die Startkreuz beginnen. Fast immer segeln alle Optis nach dem Start dicht nebeneinander her. Jeder versucht, schneller als der andere zu sein, aber das gelingt meistens nicht, weil alle sich gegenseitig behindern. So kann man nicht gewinnen.

Starkwind: Jetzt heißt es nach Luv austrimmen, so doll es geht. Dabei darfst du dich ruhig ziemlich weit außenbords hängen.

Hast du die goldenen Regeln noch im Kopf? Regel drei lautet: Denke voraus, und Regel vier heißt: Erhalte dir deine Manövrierfähigkeit.

Du mußt dich von den anderen trennen und versuchen, einen Steuerbordschlag einzulegen - möglichst ohne Abdekkung durch einen anderen Opti - auch wenn das im Moment ein oder zwei Plätze kostet.

Nun stellt sich die Frage: Segelt man zur Bahnmarke schneller mit einigen wenigen, dafür aber langen Kreuzschlägen, oder macht man besser mehrere, kürzere Kreuzschläge?

Einen langen Kreuzschlag solltest du nur aussegeln, wenn du einen Winddreher erwischt hast und dadurch die Bahnmarke besser anliegen, also mehr Höhe laufen kannst.

Sonst gilt die Regel: Nicht allzuweit nach Backbord oder Steuerbord wegsegeln von einer gedachten Linie, die von der Mitte der Startlinie zur ersten Bahnmarke führt.

Die Optis sind bei Mittelwind gestartet, noch liegen alle auf dem ersten Kreuzschlag zusammen.

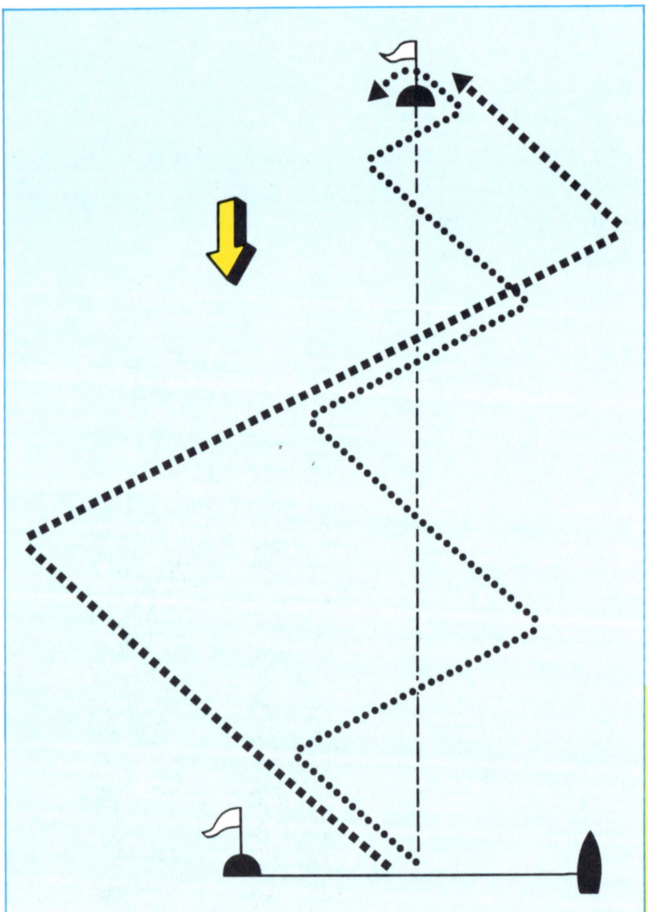

Am besten, du machst zum Anfang kurze, möglichst gleichlange Schläge nach beiden Seiten der gedachten Mittellinie.

Aber das ist natürlich nicht immer möglich. Manchmal zwingt dich ein anderer Opti, der mit Wind von Steuerbord angesaust kommt, zur Wende.

Günstiger ist es, wenn die Kreuzschläge nicht zu weit von der Mittellinie wegführen (gepunktete Linie).

Und wann darfst du wenden, wenn ein anderer Opti in Luv vor dir segelt? Das ist ganz einfach: Entweder, du gehst nach einer Wende hinter ihm rum - dann gibt's überhaupt keine Probleme, außer, daß du eventuell etwas Höhe verschenkst und damit zurückfällst.

Oder, du liegst so weit in Lee vor ihm, daß du die Wende segeln kannst, ohne ihn zu behindern. Denn das besagt die Regel: Ein Boot, das wendet, muß sich von einem Boot, das nicht wendet, freihalten.

Mit der Wende ist es überhaupt so eine Sache: Wenn du sie langsam fährst und dabei vielleicht zu weit abfällst, kostet dich das viel Fahrt und etliche Meter. Mit einer Profi-Wende kannst du jedoch viel rausholen.

Ganz Clevere haben dafür die sogenannte Rollwende erfunden, die jetzt nach den Regeln verboten ist. Aber es gibt noch so eine Art halbe Rollwende, die du fleißig üben solltest - weil alle anderen Cracks sie auch machen.

Das ganze Geheimnis liegt darin, durch eine schwingende Bewegung des Segels zusätzlichen Vortrieb und damit mehr Fahrt herauszuholen. Und das geht so: Du sitzt in Luv und drückst die Pinne schnell und mit viel Kraft ganz nach Lee, damit du blitzschnell durch den Wind drehst. Sobald der Opti anfängt zu drehen, ziehst du das Segel ruckartig dicht.

Du bleibst solange auf deiner Seite sitzen, bis der Opti durch den Wind ist. Jetzt rutschst du schnell ganz zur neuen Luvseite hinüber, so daß der Mast sich mit einem Schwung aufrichtet und der Opti etwas nach Luv krängt. Diese schnelle Bewegung läßt das Segel ebenfalls nach Luv schwingen, wodurch zusätzlicher Vortrieb erzeugt wird.

Du erreichst damit zweierlei: eine sehr schnelle Wende und einen "Schwung" Fahrt. Den Trick solltest du vor jeder Regatta tüchtig üben - es lohnt sich.

Worte, die du behalten solltest

einstellen
Bordwandsüll
Windreher
anliegen
Rollwende
Vortrieb

12 RUND UM DIE BAHN-MARKEN

Kreuzend segeln die Optis zur Luvtonne. Jetzt ist es wichtig, daß du die Vorfahrtsregeln kennst.

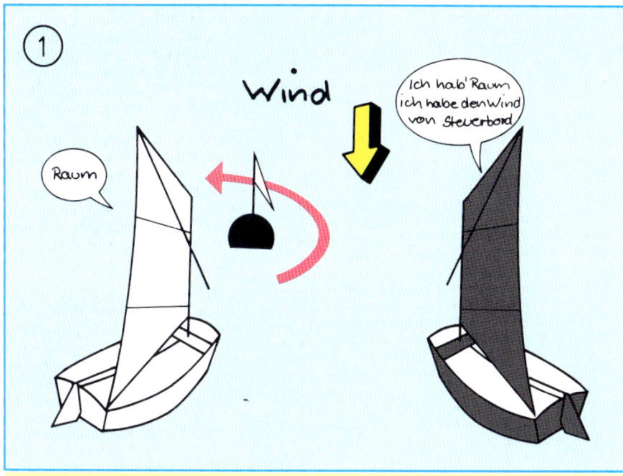

1: Der schwarze Opti hat an der Tonne Vorfahrt, denn er hat den Wind von Steuerbord.

Schneller, als du gedacht hast, bist du der ersten Bahnmarke näher gekommen. Und plötzlich sind auch wieder alle deine Freunde beisammen, die bisher weit auseinandergezogen segelten.

Jetzt kommt es darauf an, von welcher Seite du die Bahnmarke ansteuerst. Die wenigsten Schwierigkeiten kriegst du, wenn du wieder mit Wind von Steuerbord direkt auf die Tonne zusteuern kannst. Dann müssen dir alle, die mit Backbordwind ankommen, ausweichen (Zeichnung 1).

Doch du wirst sehen: an der ersten Bahnmarke gibt es ein großes Getümmel, weil meistens viele Optis gleichzeitig um die Boje segeln wollen. Ein Geschrei ist das, es wird geschubst und angestoßen, daß man glauben könnte, hier wäre man nicht auf einer Regatta, sondern beim Scooter-Fahren auf dem Jahrmarkt.

Natürlich ist das alles nicht erlaubt. Nur wenn du mitten drin in solch einem Knäuel steckst, kann kein Wettfahrtleiter mehr erkennen, wer die Regeln verletzt.

Aber wenn du mit nur wenigen Optis ganz vorne an der Spitze des Feldes liegst, dann solltest du schon Bescheid wissen, wann du Wegerecht hast, oder wann du deiner Konkurrenz Platz machen mußt. Einfach ist es, wenn ihr mit Wind von verschiedenen Seiten die Bahnmarke ansteuert. Dann hat immer der mit Steuerbordwind Wegerecht.

Schwierig wird es vor allem, wenn zum Beispiel dein größter Konkurrent genau neben dir liegt, sagen wir mal in Lee, und ihr beide mit Steuerbordwind zur Bahnmarke segelt. Darf dir dein Konkurrent nun an der Boje den Weg abschneiden oder muß er dir Platz machen?

Es kommt auf die Überlappung an!

Was ist das nun wieder für eine Sache? Im Grunde eine ganz einfache: Wenn ihr beide schon eine Zeit nebeneinander hergesegelt seid und du das Boot deines Konkurrenten klar in Lee neben dir siehst, ist eine Überlappung gegeben. Dann muß er dir an der Tonne soviel Platz lassen, daß du unbehindert rumsegeln kannst (Zeichnung 2).

Diese Regel gilt nur dann nicht, wenn dein Konkurrent immer etwas voraus lag und du ihn erst ganz kurz vor der Bahnmarke eingeholt hast. Dann kommt die Zwei-Bootslängen-Regel zur Anwendung. Einfach gesagt: Wenn du den anderen Opti erst in einer Entfernung von zwei mal der Optilänge vor der Bahnmarke überlappt hast, braucht er dir keinen Platz zu machen.

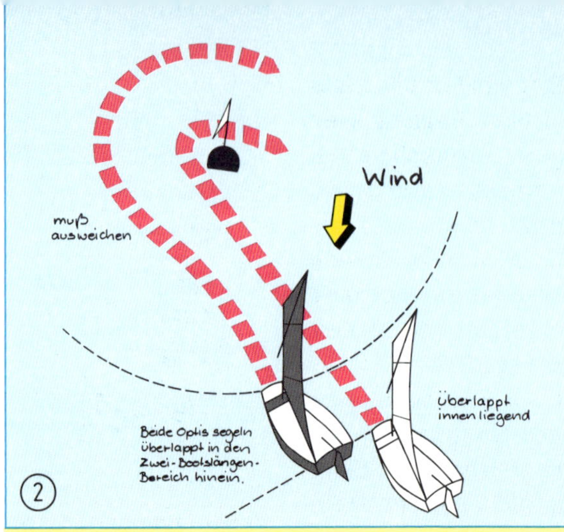

2: Der schwarze Opti muß dem weißen an der Tonne Platz machen, weil dieser ihn schon vor dem Zwei-Bootslängen-Bereich überlappt.

Merke dir: alle Regeln über das Runden von Bahnmarken gelten nur im Zwei-Bootslängen-Bereich vor der Bahnmarke (Zeichnung 3).

Schwierig wird's nun aber, wenn dein Konkurrent immer etwas voraus von dir segelt. Du kannst nicht genau erkennen, ob dein Bug nun noch über das Ruderblatt des anderen Optis ragt. Denn zur Überlappung reicht schon ein kleines Stück von deinem Opti.

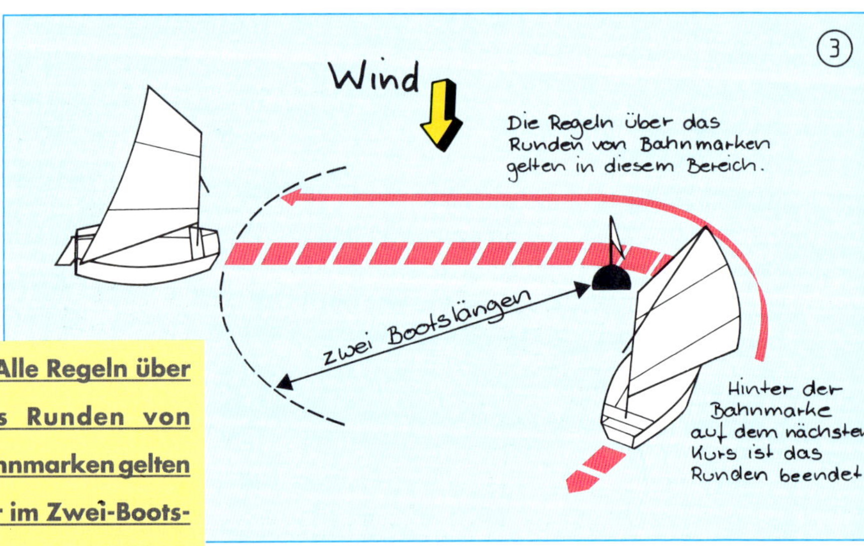

3: Alle Regeln über das Runden von Bahnmarken gelten nur im Zwei-Boots-längen-Bereich.

Dieses kleine Stück ist in den Regattaregeln genau beschrieben. Ganz korrekt muß dein Bugspiegel auf einer gedachten, rechtwinkligen Linie über den Heckspiegel deines Konkurrenten reichen. Dann ist die Überlappung vorhanden. Doch das kann man in der Praxis natürlich kaum erkennen. Daher richten sich Optisegler eher nach ihrer eigenen Peilung. Wenn also dein Konkurrent in Lee gerade noch vor deinem Bug vorbeisehen kann, ist noch keine Überlappung vorhanden, und er braucht dir an der Bahnmarke keinen Platz zu machen.

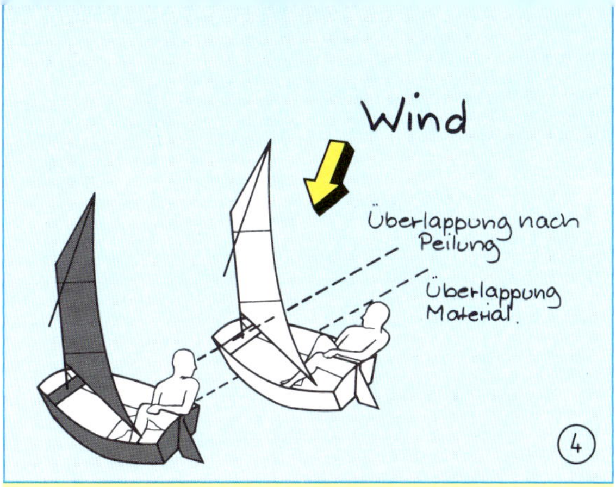

4: Der Segler des schwarzen Opti sieht den Mast des weißen seitlich neben sich und ist damit ganz sicher, daß Weiß ihn überlappt.

Wenn er aber deinen Bug oder gar deinen Mast gerade sehen kann, ist eine Überlappung da, und er darf dich innerhalb des Zwei-Bootslängen-Bereiches nicht behindern (Zeichnung 4).

Du mußt dann kräftig "Raum" rufen.

In der Praxis ist die Überlappung natürlich häufig nicht so klar zu erkennen, und deshalb gibt es um diese Regel

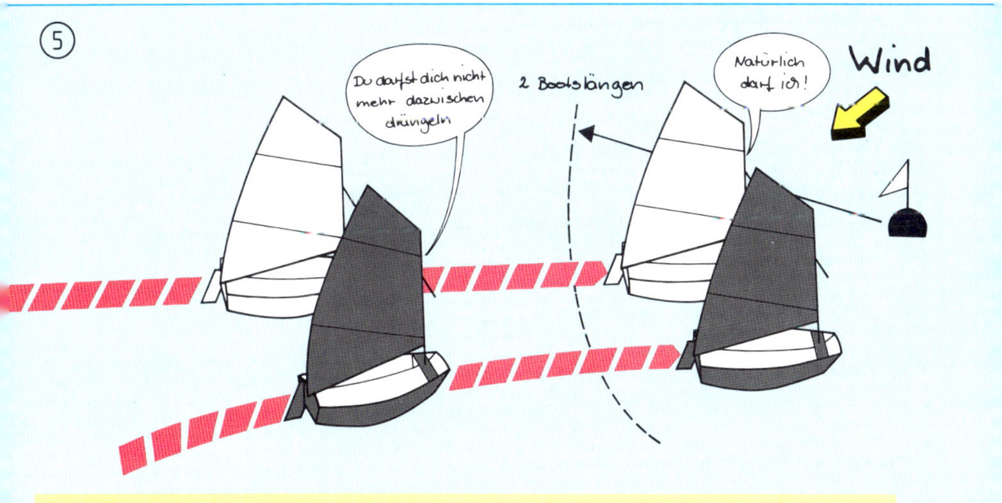

5: Der weiße Opti hat trotz des Reindrängelns Wegerecht, weil er den schwarzen Opti vor dem Zwei-Bootslängen-Bereich überlappte.

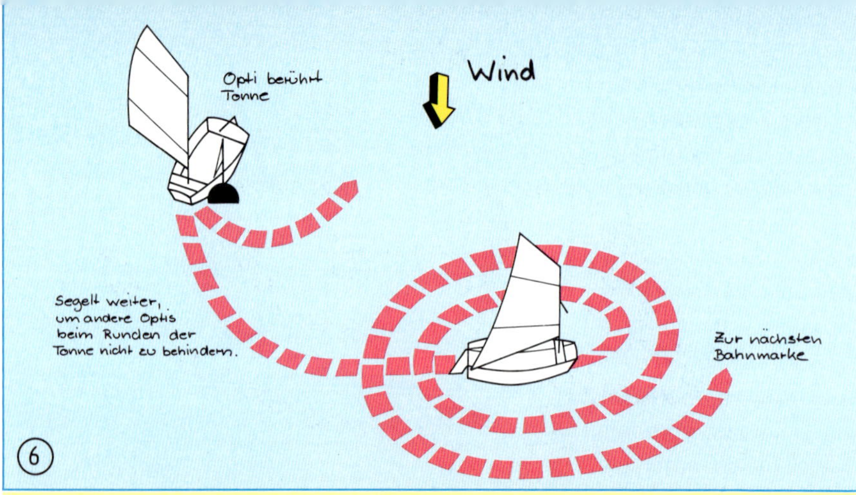

6: Wer eine Bahnmarke berührt, muß einen doppelten Kringel drehen und darf dann erst zur nächsten Tonne weitersegeln.

auch immer viel Streit und Protest.

Wenn du im Mittelfeld segelst, kriegst du es bei Bahnmarkenmanövern meistens nicht mit einem oder zwei Optis zu tun, sondern mit einer ganzen Gruppe. Alle wollen auf einmal die Boje runden, und manche drängeln sich geradezu dazwischen (Zeichnung 5).

Auch hier gilt die Überlappungsregel. Die äußeren Optis müssen Raum geben, wenn alle im Begriff sind, die Bahnmarke zu runden. Das kann bedeuten, daß die äußeren Optis schon weit vorher, bevor der Zwei-Bootslängen-Bereich erreicht wird, Raum geben müssen, weil es sonst Karambolagen und Proteste gibt.

Selbst als Crack mußt du schon höllisch aufpassen, daß du in diesem Gedrängel nicht die Bahnmarken berührst. Es genügt schon, wenn du sie mit der Baumnock oder mit der Schot antippst.

Dann mußt du dich "entlasten"! Du mußt dich schnell von allen anderen Optis freisegeln und einen doppelten Kringel drehen.

Fachmännisch heißt das: Du mußt zwei vollständige 360 Grad - Drehungen (720 Grad) einschließlich zweier Wenden und zweier Halsen in derselben Richtung ausführen (Zeichnung 6).

Wichtig ist, daß du dabei niemandem in die Quere segelst, daß also kein anderer Optisegler wegen deines Gekringels auszuweichen braucht.

Eine solche Entlastung ist ebenfalls möglich, wenn du auf der Bahn einen anderen Opti berührst oder das Wegerecht nicht beachtest. Das ist immer noch besser, als in eine Protestverhandlung verwik-

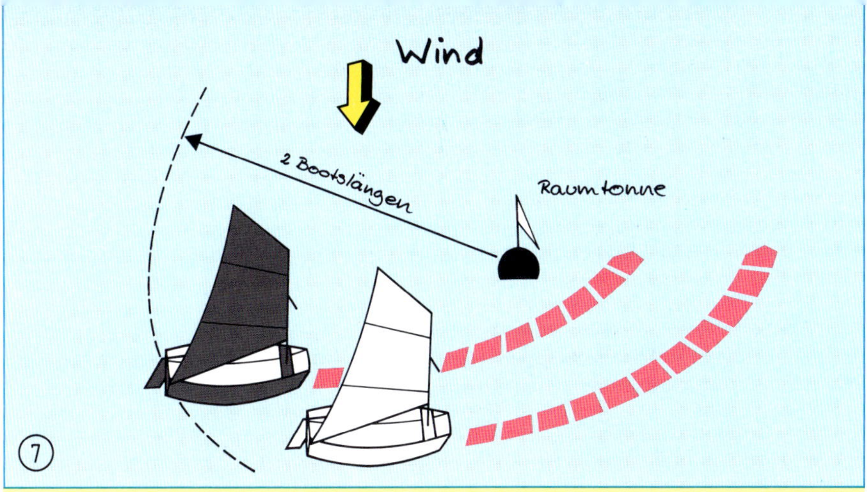

7: An der Raumtonne kann der schwarze Opti von Weiß Raum verlangen, wenn er ihn vor dem Zwei-Bootslängen-Bereich überlappt hat.

kelt und disqualifiziert zu werden. Der doppelte Strafkringel kostet natürlich etliche Plätze, also halte dich lieber von den anderen Booten frei (erhalte dir deine Manövrierfähigkeit !). Wenn du nun, wie wir gleich sehen werden, auf dem Raumwind-Kurs zur zweiten Bahnmarke segelst (auch Raumtonne genannt) und diese runden willst, gelten wieder die gleichen Regeln. Auch hier muß dir das außenliegende Boot Raum geben, wenn du vor Erreichen des Zwei-Bootslängen-Bereiches den anderen Opti in Lee überlappt hast (Zeichnung 7).

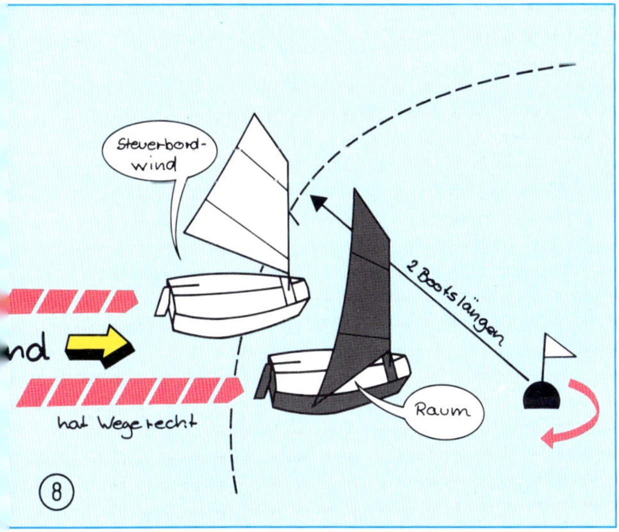

8: Der schwarze und der weiße Opti segeln vor dem Wind zur Leetonne. Obwohl der weiße den Wind von Steuerbord hat, muß er dem schwarzen Raum geben, weil schon vor dem Zwei-Bootslängen-Bereich eine Überlappung bestand.

Im weiteren Verlauf der Regatta wirst du die dritte Bahnmarke, also die Leetonne, auch vor dem Wind ansegeln. Beim Runden kann es eine schwierige Situation geben:

Vor dem Wind kannst du ja, wie du schon gelernt hast, mit Steuerbordwind segeln, also den Baum an Backbord haben, oder aber mit Backbordwind. Wer hier ausweichen muß, ist klar: Steuerbordwind hat auch vor dem Wind Wegerecht!

Das ändert sich aber sehr plötzlich, wenn ihr zu zweit mit Überlappung nebeneinander angebraust kommt und in den Zwei-Bootslängen-Bereich bei der Leetonne segelt. Dort muß wieder der außenliegende Opti Raum geben (auch wenn er mit Steuerbordwind segelt), weil ja vor Erreichen des Zwei-Bootslängen-Bereiches eine Überlappung bestanden hat. Die Zeichnung 8 zeigt dir recht gut, wie dies gemeint ist.

Manche Cracks denken sich an der Leetonne noch einen anderen Trick aus. Sie wissen, daß man direkt vor dem Wind oder platt vor Laken, wie der Segler sagt, nicht besonders schnell sein kann, wohl aber, wenn man höher an den Wind geht. Darum segeln sie einen großen Bogen vor der Boje, ziehen dann aber kurz vor dem Runden hoch, so daß sie mit raumem Wind mehr Fahrt machen, ganz dicht an der Bahnmarke vorbeisegeln können und keine Höhe zu verschenken brauchen.

Nun kommst du schön brav vor dem Wind daher und kannst die Tonne beispielsweise mit Backbordwind anliegen. Da schreien die "Bogenfahrer", die auch noch

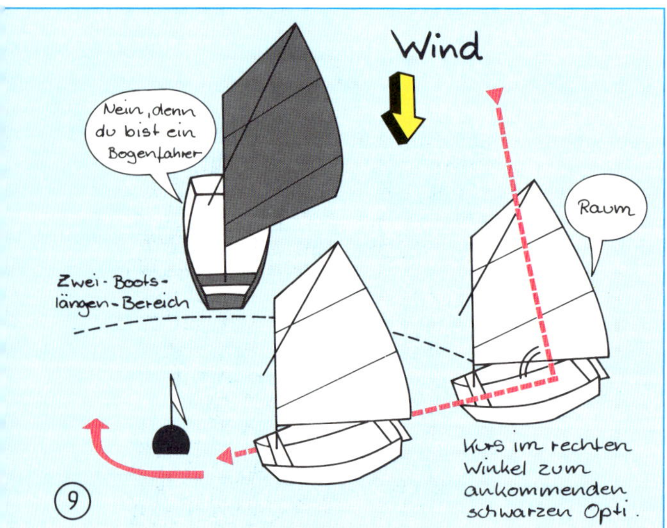

Der vor dem Wind segelnde schwarze Opti könnte von dem ersten weißen Opti Wegerecht verlangen, aber der ist schon zu nahe an der Tonne. Der zweite weiße Opti darf jedoch nicht Raum verlangen, weil er im rechten Winkel zum Kurs von Schwarz zur Tonne segelt.

mit Steuerbordwind heransausen, schon von weitem Raum.

Mußt du sie vorbeilassen? Nein, denn die Regel sagt: Falls ein Boot den Bogen so weit zieht, daß es in den Zwei-Bootslängen-Bereich in einem rechten Winkel zum ankommenden Feld hineinsegelt, hat das gesamte Feld Raum (Zeichnung 9).

So, damit kennst du schon einige Regattaregeln, die du gut auswendig lernen solltest. Aber es sind noch längst nicht alle. Sie stehen in einem anderen Buch, das heißt: "Die Wettsegelbestimmungen". Es ist im Verlag Klasing + Co., Bielefeld, erschienen. Wenn du ehrgeizig bist und Regatten gewinnen willst, solltest du es dir in der Buchhandlung kaufen oder schenken lassen.

Um Optis auf großen Regatten besser unterscheiden zu können, bekommen sie fortlaufende Startnummern.

Worte, die du behalten solltest

Zwei-Bootslängen-Regel
Zwei-Bootslängen-Bereich
Mittelfeld
entlasten
Strafkringel
Platt vor Laken

12

13

Mit etwas Glück bist du ohne Strafkringel um die Luvtonne gekommen, und nun hast du die etwas weniger aufregenden Raumstrecken vor dir. Mittdendrin liegt die zweite Bahnmarke, die du wieder auf der gleichen Seite lassen mußt, wie die erste Boje. Denn du weißt ja: Um alle Bahnmarken wird entweder links herum oder rechts herum gesegelt, je nachdem, welche Flagge oder Tafel (grün = rechts herum, rot = links herum) am Startschiff gezeigt wurde.

Sobald deine Konkurrenten mit dir um die Luvtonne gesegelt sind, wirst du etwas sehr komisches feststellen:

Wer fast vorm Wind an der Raumtonne ankommt, hat eine "Banane" gesegelt.

Anstatt nun schnurstracks auf die Raumtonne loszusteuern, fangen alle wie verrückt an zu luven. Jeder will den anderen nicht in Luv vorbeilassen, um nicht in die Abdeckung zu geraten. Dabei ist doch die direkte Linie zur nächsten Tonne die kürzeste Strecke.

Aber niemand scheint sich darum zu kümmern. Das ganze Feld macht einen großen Luvbogen. Bei Optiseglern heißt das, sie fahren eine "Banane". Genau das aber ist falsch.

SCHNELLE FAHRT ZUR RAUMTONNE

Denn irgendwann müssen ja auch alle wieder zur Bahnmarke hinuntersegeln, und das heißt abfallen. Beim Abfallen verliert ein Opti aber sehr an Geschwindigkeit, du hast es früher schon gemerkt und gelernt. Darum machst du natürlich nicht den gleichen Fehler, sondern versuchst, eine Lücke möglichst ohne Abdeckung zu finden und gleich nach der Luvtonne so weit abzufallen, daß die anderen dich nicht mehr stören können. Und dann geht's - sauber ausgetrimmt - auf direktem Wege zur Raumtonne.

Du mußt dir einmal vorstellen: Für einen klei-

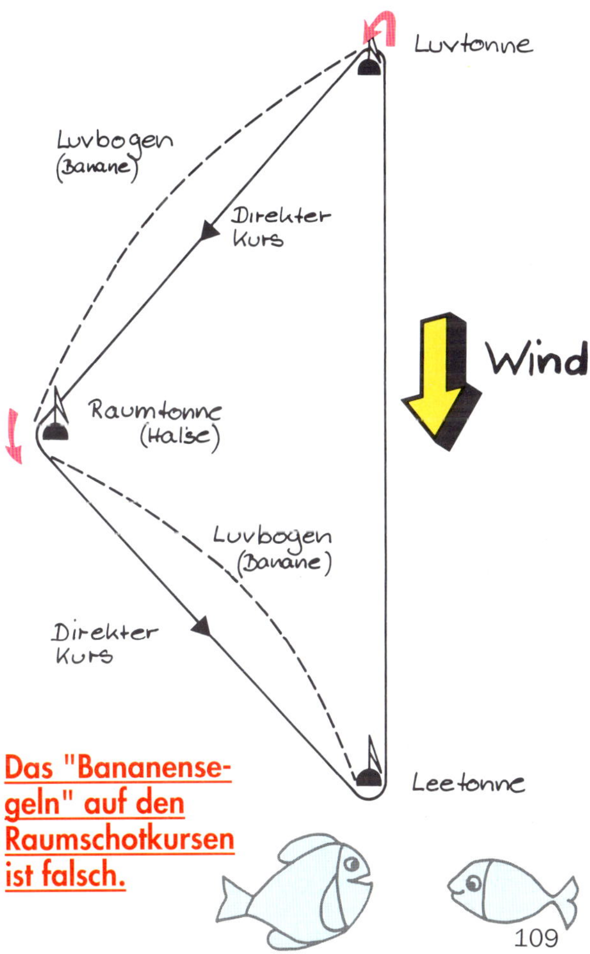

Das "Bananensegeln" auf den Raumschotkursen ist falsch.

Bei wenig Wind mußt du das Segel auf raumen Kursen sehr bauchig einstellen.

So trimmst du bei wenig Wind richtig: stark nach Luv, Sitzposition weit vorn.

nen Opti sind das alles schrecklich lange Strecken, für die er viel Segelzeit braucht. Da ist es schon ganz wichtig, ob ein Regattakurs 10 Meter länger oder kürzer ist.

Nach dem Runden der Raumtonne geht das ganze Theater wieder von neuem los. Alle haben ja eine Halse gefahren, und jetzt hängt die Banane im Regattadreieck nach innen durch. Wieder versuchen alle, aus der Abdeckung herauszukommen und den Gegner hochzuluven.

Da bis du gut dran, wenn du weit vorn im Feld liegst und dich nicht anmachen lassen mußt. Sollen doch die anderen "auf die Dörfer" fahren.

Also mußt du durch guten Trimm wieder versuchen, schneller zu sein.

Wenig Wind

Auch mit raumem oder Backstagswind zieht bei 1 bis 2 Windstärken ein bauchiges Segel am

besten. Das heißt, die Spriet und Unterliekspannung bleiben genau so, wie du sie auf der Kreuzstrecke bei wenig Wind eingestellt hast.

Achte genau darauf, daß auch jetzt keine Diagonalfalten im Segel zu sehen sind. Der Wind glättet das Segel nicht mehr so doll wie auf dem Am-Wind-Kurs, weil der Winddruck geringer ist. Eventuell mußt du die Spriettalje noch etwas mehr auffieren.

Wichtiger als der Segeltrimm sind jetzt aber der Bootstrimm und die Stellung des Schwertes.

Da ein Opti auf diesem Kurs nicht mehr so viel Lateralfläche im Wasser benötigt, kannst du das Schwert ruhig etwas hochholen und mit dem Gummizug festklemmen. Wenn es etwa 30 Zentimeter aus dem Schwertkasten herausragt, ist es gut. Mehr darfst du es nicht hochholen, denn dafür ist der Wind noch zu schwach.

Auf diesem Kurs kannst du deinen Konkurrenten zum ersten Mal zeigen, was eine Harke ist. Du krängst den Opti jetzt nämlich ganz stark nach Luv. Dazu setzt du dich in Luv weit vorn auf die Bordwand, ein Bein vor dem Mittelschott, das andere dahinter, und streckst den Oberkörper so weit außenbords, daß das Wassr fast am Süllrand steht.

Keine Angst, der Opti kippt schon nicht um! Eventuell kannst du zum besseren Ausbalancieren den hinteren Fuß unter den Fußgurt haken.

Der Rumpf kann jetzt vorne ruhig etwas eintauchen und die Luvekke vom Bugspiegel durchs Wasser ziehen. Hauptsache, der Heckspiegel kommt achtern gut frei und das Wasser

Jeder will höher am Wind segeln und luvt stark an.

läuft ohne Strudel ab.

Warum du so extrem trimmen sollst? Nun, es ist gut, wenn vom Rumpf möglichst wenig Fläche ins Wasser taucht, denn sie bremst nur. Außerdem "spurt" die Kimm (das ist die Ecke, wo Bootsboden und Bordwand zusammenstoßen) jetzt gut. Du merkst es daran, daß du nur noch ganz wenig steuern mußt. Die Kimm wirkt fast wie ein Schwert und stabilisiert den Kurs.

Auf die Stellung der Spriet kommt es an: Sie muß senkrecht nach oben zeigen.

Und noch etwas erreichst du damit: Die Spriet zeigt steil nach oben, so daß das Segel den leisesten Lufthauch einfangen kann, der meist erst in einiger Höhe über dem Wasserspiegel weht.

Das Segel stellst du nach deinem direkten Kurs zur nächsten Bahnmarke ein. Du fierst es, wenn der Kurs anliegt, so weit auf, daß die Windfäden auf beiden Seiten parallel am Segel anliegen.

So hältst du nun auch die Schot fest, denn nichts kostet mehr Fahrt, als ständiges Dichtholen und Fieren des Segels. Merke dir gut: Ruhe im Boot und Ruhe im Segel steigern die Geschwindigkeit.

Kleine Winddrehungen, die dir die Windfäden anzeigen, gleichst du durch etwas Anluven oder Abfallen aus. So segelst du gewissermaßen immer eine leichte Schlangenlinie.

Mittelwind

Auch wenn es auf den Raumschenkeln etwas aufbrist, bleibt das Segel bauchig. Bei 3 bis 4 Windstärken holst du das Schothorn mit dem Unterliekstrecker bis auf drei oder vier Zentimeter an die Baumnock heran. Die Spriettalje mußt du eventuell etwas stärker durchsetzen, falls sich Falten zeigen.

Bei Mittelwind darf der Bugspiegel kaum noch eintauchen.

Bei Mittelwind schaffst du es noch, das Boot gut nach Luv zu krängen. Wichtig ist, daß ein Teil des Bodens in Lee aus dem Wasser kommt. Du mußt dich jetzt allerdings schon richtig über die Bordwand hängen, bis dein Po nur noch wenige Zentimeter vom Wasser entfernt ist. Dabei darf er ruhig mal eintauchen. Das macht gar nichts, denn du hast ja einen wasserdichten Trockenanzug an.

Am Heck muß das Wasser immer noch frei, also ohne Wirbel abfließen. Aber vorn darf der Bug jetzt nicht so stark eintauchen, weil das bei der größeren Fahrt schon etwas bremst.

Darum setzt du dich jetzt ein paar Zentimeter weiter nach achtern. Ein Bein steht weiterhin vor dem Mittelschott, eins dahinter. Eventuell kannst du auch beide Beine nach vorn vor das Mittelschott stellen und dich dafür etwas weiter nach achtern setzen. Du mußt ausprobieren, wie's am besten geht, denn wenn beide Beine vorne sind, kannst du ja keinen Fuß mehr unter den Fußgurt haken.

Das Segel fierst du so weit auf, bis der Verklikker etwa parallel zum vorderen Teil des Segels weht. Natürlich mußt du auch weiterhin die Windfäden beobachten und - wenn das Segel optimal eingestellt ist - bei Winddrehern leicht anluven oder abfallen.

Wenn du jetzt einen möglichst geraden Kurs zur Tonne segelst, wirst du sehen, wie du den anderen davonläufst.

Starkwind

Hat sich eine steife Brise entwickelt, bekommst du etwas mehr zu tun. Denn jetzt heißt es, aufrecht segeln und jede Krängung nach Lee vermeiden. Nach Luv wirst du den Opti kaum noch trimmen können, denn der Winddruck ist zu stark.

Der Bug darf jetzt nicht mehr eintauchen, sondern er muß gut frei vom Wasser und den Wellen laufen, weil er sonst bei der hohen Fahrt sehr stark bremst.

Darum sitzt du jetzt etwa 30 bis 40 Zentimeter hinter dem Mittelschott. Beide Füße werden unter die Gurte gehakt. Und nun kräftig raushängen!

Bei raumem Starkwind mußt du außenbords trimmen und weiter achtern sitzen.

Hier geht schon ma cher baden, der nic aufpaßt und rechtz tig die Schot fiert.

Ein vollgelaufener Opti ist kein Beinbruch, aber die Siegchancen sind wohl dahin.

Der Schwertgriff sollte etwa 10 bis 15 Zentimeter über dem Schwertkasten stehen. Wenn du schwer genug bist und gut austrimmen kannst, darfst du das Schwert auch ein bißchen tiefer fahren, damit du möglichst wenig Abdrift hast.

Bei diesem starken Wind kannst du das Segel nicht mehr mit der Schot in einer optimalen Stellung festhalten. Jetzt mußt du schon ab und an in den Böen fieren und wieder dichtholen. Überhaupt wird das Segel jetzt etwas dichter gefahren als bei flauen Winden, weil der Wind wegen der hohen Fahrt etwas mehr von vorn kommt. Man nennt diesen Wind auch den scheinbaren Wind, weil er scheinbar spitzer von vorn kommt.

Achte auf Falten im Segel! Vielleicht mußt du die Spriettalje noch etwas anholen. So gerüstet soll der Starkwind ruhig heranbrausen - du wirst gut mit ihm fertig.

Und wenn du fleißig nach Luv getrimmt hast, wirst du bis zur dritten Bahnmarke, der Leetonne, bestimmt wieder ein paar Optis überholt haben.

Worte, die du behalten solltest

13

- Raumstrecken
- Abdeckung
- Luvbogen
- Abfallen
- Backstagswind
- Kreuzstrecke
- Diagonalfalten
- Lateralfläche
- Süllrand
- Kimm
- Raumschenkel
- scheinbarer Wind

14 VOR DEM

Nun hast du es schon geschafft, ohne Protest und ohne Strafkringel um drei Bahnmarken zu segeln. Jetzt wird's wieder spannend, denn im olympischen Regattadreieck folgt die zweite Kreuz hinauf zur Luvtonne. Hier kannst du erneut beweisen, wie gut du am Wind segeln kannst, denn wie auf der ersten Kreuzstrecke auch, lassen sich jetzt wieder einige Plätze wettmachen.

Wenn du ziemlich weit an der Spitze liegst, sind Experimente dumm. Im Kapitel "Beim Kreuzen zeigt sich der Meister" hast du schon gelernt, daß sehr weite Schläge nur selten Vorteile bringen. Jetzt heißt es, dicht

IND AUF DER KIPPE

uf Kursen vor dem Vind werden die ptis weit zur Luvsei- gekrängt.

dran zu bleiben an der Spitzengruppe. Lasse deine Konkurrenten nicht aus den Augen, sondern versuche unbedingt, ihren Kreuzschlägen zu folgen.

Aber es darf keine Abdeckung entstehen. Wenn du durch den vorausliegenden Opti abgedeckt wirst, mußt du geschickt einen kurzen Holeschlag einlegen, also schnell wenden und auf dem anderen Bug eine kurze Strecke segeln, um dann erneut zu wenden, während dein Konkurrent immer noch auf dem alten Bug unbeirrt weitersegelt.

Mit etwas Glück und dem richtigen Winddreher rundest du dann vielleicht vor ihm die Luvtonne.

Von hier führt der Kurs direkt zur Leetonne. Die Raumtonne wird jetzt ausgelassen.

Zum ersten Mal segelst du auf dieser Regatta also genau vor dem Wind. Das heißt, so genau ist das nun auch wieder nicht. Denn auf diesem Kurs ist ausnahmsweise der direkte Weg nicht der schnellste zum Ziel.

Schneller segelst du, wenn der Wind nicht genau von hinten in das Segel bläst, sondern ein kleines bißchen von der Seite - so, als käme er über eine der Spiegelecken dahergepfiffen.

Dann bläst er nämlich das Segel nicht nur prall auf, sondern streicht ein wenig daran vorbei. Und das erzeugt eine Strömung, die den Opti einen Hauch schneller vorantreibt. Der Fachmann sagt dazu: Am Segel wird eine laminare Strömung erzeugt, die größeren Vortrieb bringt.

Jetzt darfst du also getrost eine Banane segeln, die auf Raumkursen so schädlich ist. Allerdings solltest du den Bogen nicht zu groß machen, denn dann wird die höhere Fahrt durch den längeren Weg wieder aufgefressen. Wie weit du von der - gedachten - direkten Linie zwischen den beiden Tonnen wegsegeln kannst, hängt ein bißchen von der Windstärke und von den anderen Booten ab. Je stärker der Wind ist, desto größer kannst du den Bogen fahren. Bei ganz leichtem Wind ist es dagegen am besten, schnurstracks die Leetonne anzusteuern.

Da natürlich auch vor dem Wind Steuerbordwind Vorfahrt vor Backbordwind hat, werden alle anderen Optis sofort nach dem Runden der Luvtonne mit Wind von Steuerbord an zu luven fangen und sich gegenseitig hochdrücken. Wenn du mitten in solch einer großen Optigruppe steckst, kann es schnell passieren, daß du weit vom direkten Kurs abkommst und andere, hinterhersegelnde Optis unter dir durchrutschen.

Laß dich also nicht von einem oder mehreren Optis “mitnehmen”. Extremes Luven vor dem Wind bringt nichts!

Hochluven darf dich ein anderer sowieso nur, wenn eine weitreichende Überlappung vorhanden ist, also der andere Opti klar in Lee von dir segelt.

Wenn der andere aber soweit zurückgefallen ist, daß du seinen Mast klar querab in Lee sehen kannst, ist es bereits mit der Hochluverei vorbei. Dann kannst du von ihm Raum verlangen.

Am wichtigsten aber ist es, daß du von anderen Optis, die hinter dir

Schwarz darf Wei nicht mehr hochluver weil Weiß seinen Ma klar querab peilt.

segeln, nicht abgedeckt wirst! Darum dreh dich häufig um. Wenn du siehst, daß einer direkt hinter dir liegt, mach schnell eine Halse und segle etwas zur Seite, bis du frei bist.

Auf dem Vorm-Wind-Kurs zur Leetonne ist der richtige Boots- und Segeltrimm besonders wichtig. Mehr Geschwindigkeit gegenüber deinen Konkurrenten kannst du vor allem durch eine extreme "Vertrimmung" erreichen. Platt auf dem Wasser liegen und ohne Überlegung die Bahnmarke ansteuern hieße, den Gashebel eines Optis nicht zu betätigen.

Wie auf den anderen Kursen auch, ist der Vorm-Wind-Trimm abhängig von der herrschenden Windstärke:

Wenig Wind

Wenn du vor dem Wind segelst, muß das Segel möglichst viel Wind einfangen können. Deshalb stellst du es so bauchig wie möglich ein - egal, ob es mit 2 oder mit 5 Windstärken weht.

Das Schothorn wird durch Lockern der Unterliekstrecker-Talje weiter nach vorn auf die Zentimeterangabe vier oder fünf versetzt.

Den Baumniederhalter holst du so weit an, daß Baum und Mast einen rechten Winkel bilden. Auf diesem Kurs muß der Baum unbedingt am "Steigen" gehindert werden.

Warum wohl? Du kannst dir leicht vorstellen, daß das Segel so eine Art Tüte bildet, wenn der Baum hochkommt. Da-

Bei wenig Wind von achtern sitzt du weit vorn und trimmst sehr stark nach Luv.

durch verkleinert sich die Angriffsfläche vor dem Wind, und du machst weniger Fahrt.

Vor dem Wind muß die Spriet “hoch hinaus”. Ideal ist es, wenn sie fast genau senkrecht nach oben zeigt.

Dann fängt das Segel, wie du schon beim Raum-Wind-Segeln gelernt hast, gut die oberen Windströmungen ab.

Vor allem aber läuft der Rumpf dann mit der Kimm durchs Wasser.

Hier kannst du sehen, wie der Opti auf seiner Kimm läuft. Der Boden taucht weit aus.

Sie “spurt” und hält den Kurs. Du kannst den Opti schon steuern, indem du dein Gewicht etwas nach vorn oder etwas nach achtern verlagerst.

Das Schwert wird jetzt fast gar nicht mehr gebraucht. Also hoch damit, so daß es unter dem Boden kaum noch herausschaut. Wenn du dich bückst und von achtern über den Schwertgriff peilst, muß er etwa fünf bis zehn Zentimeter über dem Baum stehen. Aber Vorsicht bei einer Halse! Sonst hakt der Baum hinter das Schwert.

Da der sehr leichte Wind keine Wellen aufwirft,

Der Bug darf ruhig etwas eintauchen, damit am Heck keine Strudel entstehen.

Das Schwert solltest du bei Mittelwind etwas runterdrücken, sonst hakt der Baum.

das Wasser also glatt wie ein Ententeich ist, brauchst du auch nicht die Bremswirkung der Wellen zu fürchten. Jetzt ist es wichtig, daß achtern keine bremsenden Strudel entstehen - daß also der Heckspiegel frei von der Wasseroberfläche ist.

Darum darfst du getrost beide Beine vor das Mittelschott stellen und dich auf der hohen Kante soweit nach vorn setzen, daß die Luvecke vom Bugspiegel eben eintaucht.

Mittelwind

Wenn es mit etwa 3 bis 4 Windstärken weht, bleibt der bauchige Segeltrimm unverändert. Allerdings wird es jetzt schon brenzlig, wenn bei einer plötzlichen unfreiwilligen Halse der Baum überkommt. Du trimmst ja weiterhin stark nach Luv, so daß dann der Segeldruck dazu käme. Damit würden Boot und Steuermann unversehens im Bach landen, und das kostet etliche Plätze oder den Sieg.

Daher ist es besser, wenn du das Schwert etwas tiefer einstellst, damit der Baum bei einer Halse gerade eben noch frei über den Schwertgriff hinwegschwingen kann.

Damit du für Trimmanöver beweglicher bist, solltes du beim Mittelwind beide Beine wieder nach achtern stellen, und zwar etwa 20 bis 30 Zentimeter hinter das Mittelschott.

Außerdem bildet sich jetzt schon eine leichte

Bei Starkwind von achtern kannst du dir extremen Trimm nach Luv nicht mehr leisten. Du kenterst leicht!

bis kräftige Welle, die empfindlich bremst. Der Bugspiegel sollte daher nicht mehr ins Wasser tauchen, damit die Wellen frei unterdurch laufen können. Du mußt dich also weiter nach achtern setzen.

Und übertreibe es zum Anfang nicht mit dem Trimm nach Luv! Wie gesagt, die Kentergefahr ist größer geworden, und den Rumpf auf der Kimm zu halten ist schon ein kleines Zirkuskunststück, das nur alte Hasen sicher beherrschen.

Starkwind

Hat der Wind kräftig zugelegt, ist der Vorm-Wind-Kurs der schwierigste auf der ganzen Regatta. Allzu groß ist die Kentergefahr. Denke daran: Mit einer Kenterung sind alle Sieges-Chancen dahin. Deshalb segle lieber auf Nummer sicher und trimm nicht extrem.

Während du das Segel weiterhin bauchig eingestellt läßt, aber eventuell den Baumniederhalter noch etwas dichter nimmst, solltest du den Luvtrimm vermeiden. Wegen der Kentergefahr ist es besser, möglichst aufrecht zu segeln. Außerdem bringt der Starkwind den Opti manchmal ins Surfen (Gleiten), das heißt, er rutscht hin und wieder vor der Welle mit hoher Geschwindigkeit davon, bis sie unter dem Boot durchgelaufen ist. Surfen kann ein Opti aber nur, wenn sein Boden flach im Wasser liegt.

Der Schwertgriff zeigt jetzt nur noch etwa zehn Zentimeter aus dem Schwertkasten heraus. Wer schon besser segeln kann, darf das Schwert auch etwas höher nehmen - du mußt es selbst ausprobieren.

Jetzt ist es wichtig, weit achtern auszutrimmen, damit der Bugspiegel ganz austaucht. Je weiter du achtern sitzt, desto leichter kommt der Opti ins Surfen. Deine Beine stehen jetzt achtern am Ende der Trimmgurte, und du sitzt gebückt auf der Bordwand, bereit, sofort abzutauchen, falls eine Halse fällig wird.

Sicherer ist es außerdem, die Pinne direkt anzufassen. Du hast dann besseren Kontakt. Mit dem Pinnenausleger bekommst du am Anfang auf so kurze Entfernung Schwierigkeiten. Eine falsche Bewegung genügt ja, um die Regatta durch eine Kenterung unfreiwillig zu beenden.

Abdeckungen vor dem Wind kosten Plätze. Versuche deshalb, dich rechtzeitig freizusegeln.

Worte, die du behalten solltest

14

- Holeschlag
- laminare Strömung
- Vertrimmung
- Vorm-Wind-Trimm
- Steigen
- Raum-Wind-Segeln
- Trimmanöver
- Surfen
- Gleiten

15 ALS ERSTER INS ZIEL

Wenn die Regatta bisher so prima lief, daß du die letzte Leetonne ganz dicht hinter den führenden Optis gerundet hast, kannst du vielleicht noch erster werden. Auf der Zielkreuz und vor allem beim Überqueren der Ziellinie hast du noch Chancen, deine Konkurrenten auszusegeln.

So, wie hin und wieder die Startlinie schief zur Windrichtung verläuft, ist manchmal auch die Ziellinie an einer Seite näher zum Wind und an der anderen Seite weiter weg vom Wind ausgelegt. Klar, daß dein Weg zu der Ecke, die weiter weg vom Wind liegt, kürzer ist. Du mußt also ganz genau bei einer Wende in der Nähe der Ziellinie peilen, welche Seite für dich unter Umständen die günstigere ist, und deinen letzten Kreuzschlag darauf absetzen.

Die blaue Flagge auf dem Zielschiff signalisiert den Zieldurchgang für die Optis.

Das ist nicht ganz einfach, aber wenn du bei einer Wende darauf achtest, bei welcher Bugstellung das Segel genau in der Mitte killt, kannst du erkennen, auf welche Seite der Ziellinie du schneller zusteuern kannst.

Meistens befindet sich die Ziellinie zwischen einem Mast auf einem Boot und einer extra ausgelegten Zieltonne. So lange beide noch weit weg sind, kannst du kaum erkennen, in welchem Winkel die Linie ausgelegt ist. Daher solltest du auf Nummer sicher segeln, bis du die genaue Peilung hast.

Die goldene Regel dafür lautet: Halte dich zwischen deinem Gegner und dem Ziel.

Leicht gesagt, schwer getan! Je näher du dem Ziel kommst, desto nervöser werden auch deine Konkurrenten, und da kannst du leicht die Kontrolle verlieren.

Dabei solltest du aber drei ganz dolle Fehler, die dich mit Sicherheit um den Sieg bringen, nicht machen.

Fehler Nummer eins: Wenn du zu dicht beim Zielschiff vorbeisegelst, deckt es dich ab, und du verlierst vielleicht genau die paar Zentimeter, die du vor deinem weiter in Lee segelnden Konkurrenten vorauslagst.

Fehler Nummer zwei: Ganz ärgerlich ist es, wenn du die Ziel-Bahnmarke nicht anliegen kannst, weil du zu früh gewendet hast. Fast alle Regattaanfänger machen diesen Fehler - meistens allerdings schon nach den Kreuzstrecken beim Runden der Luv-Bahnmarke:

Du segelst mit Backbordwind solange auf die Ziellinie zu, bis die Zieltonne genau querab liegt. Na klar, denkst du, jetzt läßt sie sich prima anliegen - Wende!

Aber Pustekuchen. Je näher du zur Boje kommst, desto mehr scheint sie nach Luv auszuwandern. Warum? Weil du die Abdrift vergessen hast! Ein Opti wird ja trotz des Schwertes vom Wind und von den Wellen immer etwas nach Lee versetzt. Je größer die Wellen sind, desto mehr schubsen sie das Boot von der Tonne weg.

Da kommt Panik auf. Du quälst den Opti höher an den Wind - "kneifen" nennt das der Regattasegler - und holst das Segel dichter. Beides kostet Fahrt, die unter Umständen direkt vor der Bahnmarke mit Stillstand endet. Die andern segeln lachend in Luv von dir mit höherer Fahrt ins Ziel.

Daher solltest du zum Anfang deiner Regattapraxis erst dann wenden, wenn die Zieltonne schon klar achteraus, also hinter der verlängerten Linie des Heckspiegels liegt.

Wenn du nicht von deinen Konkurrenten, die mit Steuerbordwind angesaust kommen, gezwungen wirst, knapp zu wenden, hast du es ja auf der Zielkreuz auch nicht unbedingt nötig. Die Ziellinie ist lang genug!

Fehler Nummer drei:

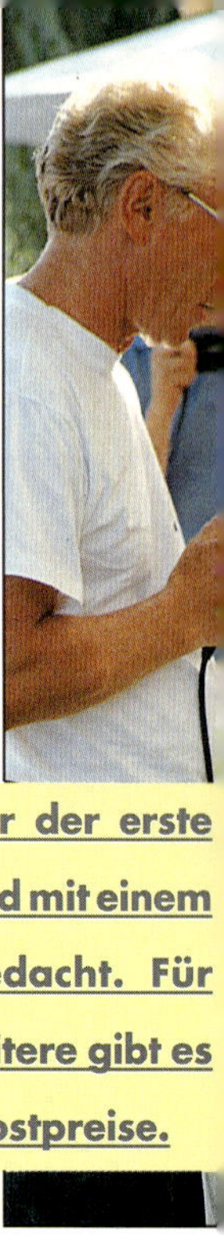

Nicht nur der erste Platz wird mit einem Preis bedacht. Für viele weitere gibt es noch Trostpreise.

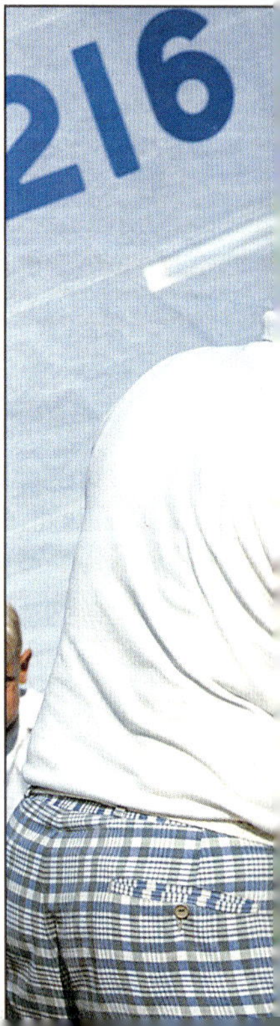

Das Training hat sich gelohnt: Der Pokal für den Sieger wird überreicht. Glückwunsch vom Wettfahrtleiter!

Wenn du dieses Buch aufmerksam gelesen und eifrig trainiert hast, ist der nächste Pokal vielleicht deiner!

Wenn du die Zieltonne mit Steuerbordwind nicht klar anliegen kannst, mußt du noch eine Wende fahren, um die Ziellinie zu erreichen.

Wehe, wenn du dann wegen eines Konkurrenten, der in Luv von dir achteraus segelt, nicht wenden kannst! Er bügelt dir glatt drüber weg.

Also, achte darauf, daß du Raum zum Wenden hast. Vorausdenken ist wieder angesagt.

Eine Lücke zum Wenden machst du am besten erst dicht bei der Ziellinie auf, indem du etwas abfällst und dann blitzschnell dicht hinter dem Heck deines Konkurrenten durchtauchst.

Und nun kommt der Trick: Wenn du mit gutem Schwung direkt vor der Ziellinie stark anluvst, drehst du den Opti beinahe in den Wind. Dabei wird der Bug über die Ziellinie gedrückt, bevor der Konkurrent mit Wind von Steuerbord drüber ist.

Wenn allerdings der Verteidiger aufpaßt und deinen Angriff pariert, hast du kaum Chancen. Aber versuchen kann man es halt mal, und oft kommt es auf diese wenigen Zentimeter an.

Für dieses Trickmanöver mußt du genau wissen, welcher Teil des Zielbootes die Ziellinie begrenzt. Ist es das Heck oder vielleicht der Flaggenmast mit der blauen Zielflagge, über den der Wettfahrtleiter peilt? Kläre das vor der Regatta! Meist steht es in den Segelanweisungen, sie sind sozusagen der "Fahrplan" für die Regatta. Solltest du bei dem hitzigen Zielmanöver das Zielschiff oder die Zielmarke berühren, mußt du wieder zweimal kringeln, um dich zu entlasten. Erst danach darfst du erneut über die Ziellinie segeln.

Durchs Ziel bis du gesegelt, wenn irgendein Teil

des Optis die Ziellinie überquert hat. Meistens ist das natürlich der Bugspiegel. Dann wird einmal mit dem Nebelhorn getutet oder - bei großen Regatten - ein Schuß aus der Signalpistole abgefeuert. Wenn der letzte Opti über die Ziellinie gesegelt ist,

Der schwarze Opti lag in Lee von dem weißen Opti und hat blitzschnell eine Wende gesegelt, um hinter dem Heck von Weiß durchzutauchen. Kurz vor der Ziellinie luvt Schwarz an und geht so als erster durchs Ziel. Der Opti (gepunktete Linie) hat zu früh eine Wende gesegelt und kann wegen der Abdrift die Leetonne der Ziellinie nicht mehr anliegen.

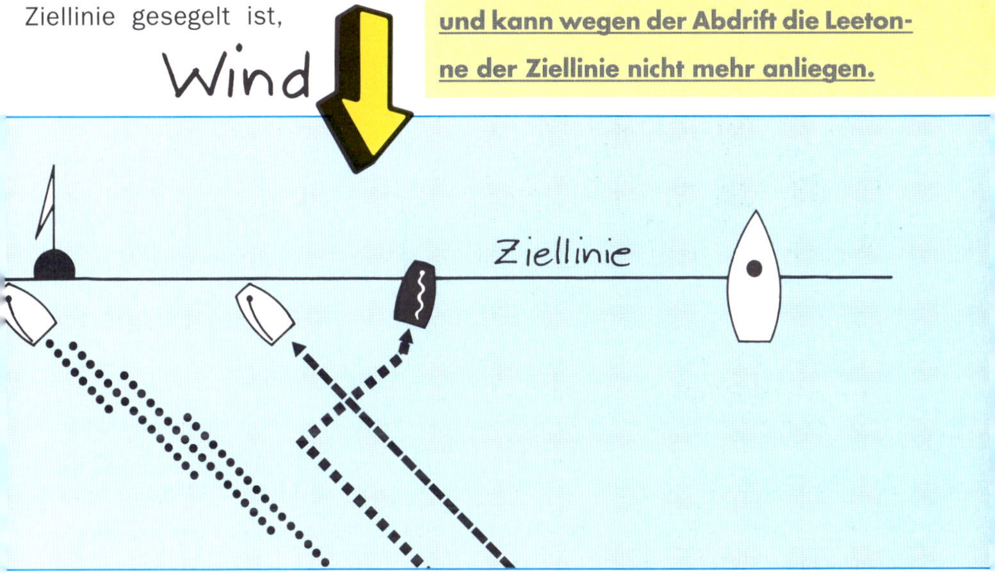

wird dreimal getutet oder geschossen. Damit ist die Wettfahrt beendet.

War sie für dich erfolgreich? Nun, Übung macht den Meister, und Spaß hast du ganz sicher gehabt. Du wirst sehen, irgendwann mischst du ganz vorne mit, und vielleicht steht dann dein Name sogar in der Zeitung.

Viel Glück!

Worte, die du behalten solltest

15

aussegeln
absetzen
Peilung
versetzen
kneifen
Segelanweisungen

16 FIT FÜR DEN JÜNGSTENSEGELSCHEIN

▼▼▼▼▼▼▼▼▼▼▼▼▼

HIER SIND EINIGE FRAGEN, AUF DIE DU BEI DER SEGELSCHEIN-PRÜFUNG EINE ANTWORT WISSEN SOLLTEST

Frage 1: **Wieviel Quadratmeter Segelfläche hat der Optimist?**

Frage 2: **Was gehört zum Auftakeln eines Optis?**

Frage 3: **Wozu dient das Schwert?**

Frage 4: **Wohin zeigt die Pinne beim Anluven?**

Frage 5: **Du segelst mit Wind von Backbord und dir kommt ein Boot mit Wind von Steuerbord entgegen. Wer muß ausweichen?**

Frage 6: **Zwei Boote segeln mit Wind von der gleichen Seite aufeinander zu. Wer hat Vorfahrt?**

Frage 7: **Durch welchen Ruf machst du einen Ausweichpflichtigen auf deine Vorfahrt aufmerksam?**

Frage 8: **Was ist der Unterschied zwischen wenden und halsen?**

Frage 9: **Welche Kursbezeichnung zur Windrichtung kennst du?**

Frage 10: **Darfst du ohne Aufsicht segeln?**

Frage 11: **Welche Knoten kennst du?**

Frage 12: **Wo Ist Backbord und wo ist Steuerbord?**

Frage 13: **Was ist kreuzen?**

Frage 14: **Was ist Luv?**

Frage 15: **Was ist Lee?**

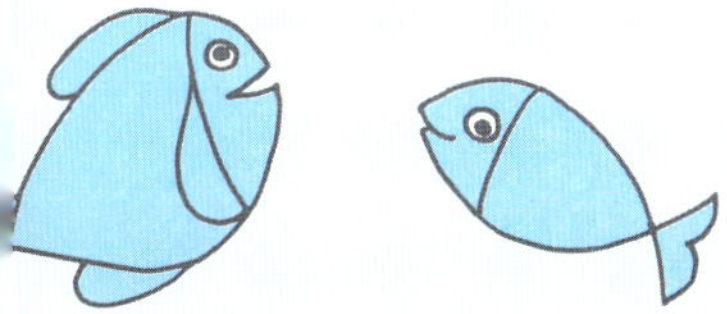

Frage 16: **Auf welchem Gewässer darfst du mit dem Jüngstensegelschein segeln?**

Frage 17: **Welche Sicherheitsvorkehrung mußt du vor jedem Segeltörn beachten?**

Frage 18: **Zeichne das Klassenzeichen des Optimisten.**

Frage 19: **Welche Bedeutung hat der Buchstabe im Segel?**

Frage 20: **Wann erhält dein Opti eine Segelnummer?**

Frage 21: **Wie ist der Optimist getakelt?**

Frage 22: **Wozu dient der Achtknoten?**

Frage 23: **Wohin zeigt die Pinne beim Abfallen?**

Frage 24: **Wozu dient der Kreuzknoten?**

Frage 25: **Wie heißt die wichtigste Regel nach dem Kentern?**

Frage 26: **Nenne möglichst vier Dinge, die du vor den Kenterversuchen beachten mußt.**

Frage 27: **Wofür kann man den Rundtörn mit zwei halben Schlägen gut gebrauchen?**

Frage 28: **Wieviel Quadratmeter Segelfläche darf das Boot haben, das du mit dem Jüngstensegelschein segeln kannst?**

Frage 29: **Was mußt du machen, bevor du mit dem Opti am Steg anlegst?**

Frage 30: **Worauf mußt du beim Halsen besonders achten?**

AUSZUG AUS DER JÜNGSTENSEGELSCHEIN-VORSCHRIFT UND DEN DURCHFÜHRUNGSVORSCHRIFTEN DES DEUTSCHEN SEGLER-VERBANDES VOM 24. MÄRZ 1973 IN DER FASSUNG VOM 9. MÄRZ 1985

Der Deutsche Segler-Verband erteilt durch seine Verbandsvereine oder die von ihm anerkannten Segelschulen Jüngstensegelscheine, die als Befähigungsnachweis zur Führung von Jollen bis zu 13 qm Segelfläche dienen. Der Jüngstensegelschein wird mit Vollendung des fünfzehnten Lebensjahres ungültig. Eine Umschreibung in einen DSV-Führerschein ist nicht möglich.

Geltungsbereich

Der Jüngstensegelschein gilt nur für Segler in ausgewählten, begrenzten Revieren unter fachkundiger Aufsicht und berechtigt zur Teilnahme an Jüngstenregatten. Bezüglich der Auswahl des Reviers muß dafür gesorgt werden, daß dieses von der geographischen Lage und der Art des übrigen Schiffsverkehrs her für das Jüngstensegeln geeignet ist.

Verantwortliche Schiffsführung

I. § 2 der Führerscheinvorschrift des DSV wird insoweit eingeschränkt, als Inhaber eines Jüngstensegelscheins in dessen räumlichem und zeitlichem Geltungsbereich verantwortlich eine Jolle unter dem Stander eines anerkannten DSV-Vereins führen dürfen.

II. Neben dem Eigentümer, dem Charterer und dem Verbandsverein ist auch der Jüngstensegelscheininhaber selbst zur Innehaltung der Jüngstensegelscheinvorschrift verpflichtet, ferner sind die aufsichtsführenden Personen verantwortlich für Eignung, Zustand, Ausrüstung und Besetzung der Jollen gemäß den Regeln der seemännischen Praxis.

Prüfungsverfahren Prüfungskommission

Für die Abnahme von Prüfungen wird vom Vereinsvorstand bzw. dem Schulleiter eine Prüfungskommission eingesetzt, bestehend aus Obmann und zwei Beisitzern, die mit Stimmenmehrheit entscheiden. Die Prüfungskommission kann sich durch weitere Prüfer mit beratender Stimme ergänzen.

Zulassung

Für die Erteilung eines Jüngstensegelscheins müssen folgende Zulassungsvoraussetzungen erfüllt sein:

a) Alter: Die Prüfung zum Jüngstensegelschein kann abgelegt werden nach Vollendung des siebenten Lebensjahres und bis zur Vollendung des vierzehnten Lebensjahres.

b) Zustimmung der gesetzlichen Vertreter.

c) Deutsches Jugendschwimmabzeichen in Bronze, beziehungsweise 15 Minuten Dauerschwimmen im schwimmtiefen Wasser.

Soweit Sportgesundheitspässe aufgrund landesrechtlicher Bestimmungen erteilt werden, kann die Zulassung von der Vorlage eines Sportgesundheitspasses abhängig gemacht werden.

Zeitpunkt, Aufsicht

Die Prüfungskomission hat Zeitpunkt und Ort für die Prüfung zu bestimmen und rechtzeitig bekanntzugeben. Die Kommission ist für die ordnungsgemäße Durchführung verantwortlich.

Durchführung der theoretischen und praktischen Prüfung
Es wird eine theoretische und eine praktische Prüfung abgenommen. Die theoretische Prüfung erfolgt mündlich. Die praktische Prüfung ist auf einer geeigneten Jolle bei ausreichenden Windverhältnissen im Jüngstensegelrevier abzuhalten.

Gesamtergebnis der Prüfung
Über das Ergebnis der Prüfung ist eine Niederschrift mit den einzelnen Bewertungen zu fertigen und von allen drei Mitgliedern der Prüfungskommission zu unterschreiben. Das Endurteil lautet "bestanden" oder "nicht bestanden".
Wiederholung der Prüfung ist sowohl für den theoretischen wie auch für den praktischen Teil einzeln zulässig. Kommt die Prüfungskommission zu der Beurteilung "bestanden", kann sie die Erteilung des Jüngstensegelscheins trotzdem von bestimmten Auflagen abhängig machen oder seine Geltung begrenzen.

Prüfungsfächer
Seemännische Arbeiten
Behandlung der Segel, Knoten (Achtknoten, einfacher Schotstek, Slipstek, Kreuzknoten, Rundtörn mit zwei halben Schlägen, einfacher und doppelter Palstek, Stopperstek), einfacher Takling, Pflege einer Jolle im Sommer und im Winterlager.

Yachtbedienung und Yachtführung
Die wichtigsten Segelkommandos, Segelklarmachen, Segelsetzen, Segelbergen, An- und Ablegen, Abfallen und Anluven, Wenden und Halsen, an die Boje gehen bzw. von der Boje gehen, Verhalten im Schlepp und beim Ankern, Verhalten beim Kentern, "Boje-über-Bord"-Manöver, Sicherheitseinrichtungen auf Jollen.

Gesetzeskunde
Kenntnis der Verkehrsvorschriften des örtlichen Jüngstenreviers.

Verbandsrecht
Grundkenntnisse der Wettsegelbestimmungen beziehungsweise des Verhaltens gegenüber Fahrzeugen in einer Regatta. Kenntnis der vom Verein oder von der Schule festgelegten Segelordnung. Grundkenntnisse der Yachtgebräuche. Sportgemäße Segelkleidung.

Erteilung der Jüngstensegelscheine
Die Jüngstensegelscheine des DSV werden durch die Verbandsvereine oder durch die vom DSV anerkannten Segelschulen auf dem vom Verband herausgegebenen einheitlichen Vordruck erteilt, wobei gegebenenfalls von der Prüfungskommission vorgesehene Auflagen und Einschränkungen zu vermerken sind.
Die Jüngstensegelscheine sind vom Vereinsvorsitzenden bzw. dem Schulleiter zu unterschreiben.
Jeder Verbandsverein und jede anerkannte Segelschule führt ein Jüngstensegelscheinregister.

Prüfungsgebühren
Prüfungsgebühren sowie Ausstellungs- bzw. Erteilungsgebühren werden nicht erhoben.

Weitere Auskünfte sowie die vollständigen Jüngstensegelschein-Vorschriften beziehungsweise Durchführungsvorschriften zum Jüngstensegelschein sind beim Deutschen Segler-Verband, Gründgensstr. 18, 2000 Hamburg 60, Telefon (040) 6320090 erhältlich.

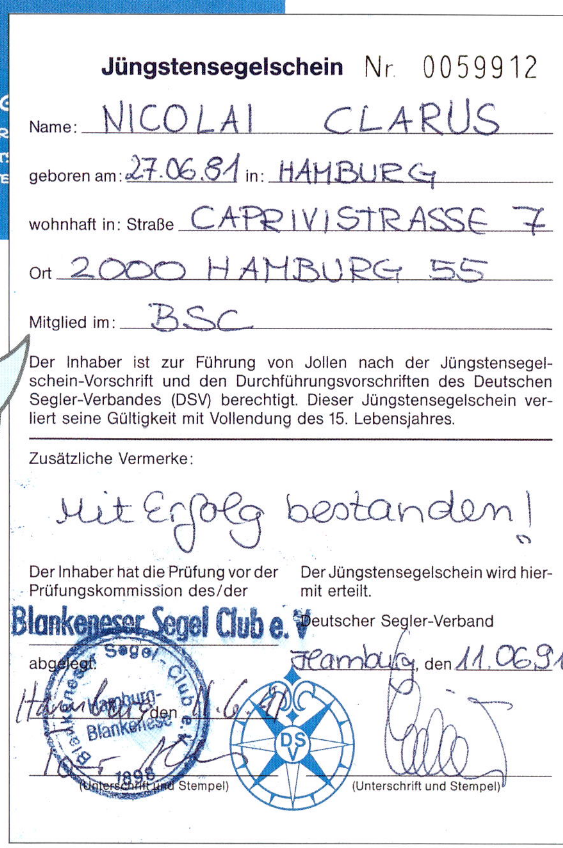

Jüngstensegelschein Nr. 0059912

Name: NICOLAI CLARUS

geboren am: 27.06.81 in: HAMBURG

wohnhaft in: Straße CAPRIVISTRASSE 7

Ort 2000 HAMBURG 55

Mitglied im: BSC

Der Inhaber ist zur Führung von Jollen nach der Jüngstensegelschein-Vorschrift und den Durchführungsvorschriften des Deutschen Segler-Verbandes (DSV) berechtigt. Dieser Jüngstensegelschein verliert seine Gültigkeit mit Vollendung des 15. Lebensjahres.

Zusätzliche Vermerke:

Mit Erfolg bestanden!

Der Inhaber hat die Prüfung vor der Prüfungskommission des/der Blankeneser Segel Club e. V abgelegt.

Hamburg, den 11.6.91

(Unterschrift und Stempel)

Blankeneser Segel-Club e.V. Hamburg-Blankenese 1898

Der Jüngstensegelschein wird hiermit erteilt.

Deutscher Segler-Verband

Hamburg, den 11.06.91

DSV

(Unterschrift und Stempel)

Bitte beachten Sie die
folgende Seite!